새로운 도서,
다양한 자료
동양북스
홈페이지에서
만나보세요!

www.dongyangbooks.com
m.dongyangbooks.com

홈페이지 도서 자료실에서 학습자료 및 MP3 무료 다운로드

PC

❶ 홈페이지 접속 후 도서 자료실 클릭
❷ 하단 검색 창에 검색어 입력
❸ MP3, 정답과 해설, 부가자료 등 첨부파일 다운로드

* 원하는 자료가 없는 경우 '요청하기' 클릭!

MOBILE

* 반드시 '인터넷, Safari, Chrome' App을 이용하여 홈페이지에 접속해주세요. (네이버, 다음 App 이용 시 첨부파일의 확장자명이 변경되어 저장되는 오류가 발생할 수 있습니다.)

❶ 홈페이지 접속 후 ☰ 터치

❷ 도서 자료실 터치

❸ 하단 검색창에 검색어 입력
❹ MP3, 정답과 해설, 부가자료 등 첨부파일 다운로드

* 압축 해제 방법은 '다운로드 Tip' 참고

미래와 통하는 책

가장 쉬운 독학
일본어 첫걸음
14,000원

버전업! 굿모닝
독학 일본어 첫걸음
14,500원

일단 합격하고 오겠습니다
JLPT 일본어능력시험 N3
26,000원

일본어 100문장 암기하고
왕초보 탈출하기
13,500원

가장 쉬운 독학
중국어 첫걸음
14,000원

가장 쉬운 중국어
첫걸음의 모든 것
14,500원

일단 합격 新HSK
한 권이면 끝! 4급
24,000원

중국어
지금 시작해
14,500원

영어를 해석하지 않고
읽는 법
15,500원

미국식
영작문 수업
14,500원

세상에서 제일 쉬운
10문장 영어회화
13,500원

영어회화
순간패턴 200
14,500원

가장 쉬운 독학
베트남어 첫걸음
15,000원

가장 쉬운 독학
프랑스어 첫걸음
16,500원

가장 쉬운 독학
스페인어 첫걸음
15,000원

가장 쉬운 독학
독일어 첫걸음
17,000원

동양북스 베스트 도서

THE
GOAL 1
22,000원

인스타
브레인
15,000원

직장인, 100만 원으로
주식투자 하기
17,500원

당신의 어린 시절이
울고 있다
13,800원

놀면서 스마트해지는 두뇌 자극
플레이북 딴짓거리 EASY
12,500원

죽기 전까지
병원 갈 일 없는 스트레칭
13,500원

가장 쉬운 독학
이세돌 바둑 첫걸음
16,500원

누가 봐도 괜찮은 손글씨 쓰는
법을 하나씩 하나씩 알기 쉽게
13,500원

가장 쉬운 초등 필수 파닉스
하루 한 장의 기적
14,000원

가장 쉬운 알파벳 쓰기
하루 한 장의 기적
12,000원

가장 쉬운 영어 발음기호
하루 한 장의 기적
12,500원

가장 쉬운 초등한자 따라쓰기
하루 한 장의 기적
9,500원

세상에서 제일 쉬운
엄마표 생활영어
12,500원

세상에서 제일 쉬운
엄마표 영어놀이
13,500원

창의쑥쑥 환이맘의
엄마표 놀이육아
14,500원

📖 동양북스
www.dongyangbooks.com
m.dongyangbooks.com

중국어뱅크

비즈니스 실무 중국어

BUSINESS

중국어

초·중급

陈卓·尹享斌 지음

동양북스

중국어뱅크
비즈니스 실무 중국어 BUSINESS
초·중급

초판 8쇄 | 2021년 3월 10일

지은이 | 陈卓 · 尹亨斌
발행인 | 김태웅
편　집 | 신효정, 양수아
디자인 | 남은혜, 신효선
마케팅 | 나재승
제　작 | 현대순

발행처 | ㈜동양북스
등　록 | 제 2014-000055호
주　소 | 서울시 마포구 동교로22길 14(04030)
구입문의 | 전화 (02)337-1737　팩스 (02)334-6624
내용문의 | 전화 (02)337-1762　dybooks2@gmail.com

ISBN 979-11-5703-009-5 13720

이 도서의 국립중앙도서관 출판시도서목록(CIP)은 서지정보유통지원시스템 홈페이지(http://seoji.go.kr)와
국가자료공동목록시스템(http://www.nl.go.kr/kolisnet)에서 이용하실 수 있습니다.
(CIP제어번호:CIP2014017414)

머 리 말

한국과 중국은 1992년에 수교를 맺었는데 이후 양국의 교역규모는 지속적으로 증가하여 왔다. 1992년 64억 달러로 시작된 최초 교역규모는 2012년을 기점으로 2,151억 달러로 증가하였고, 한국의 대중국 수출액은 1,342억 달러, 수입액은 804억 달러에 이르는 등 한국경제에서 중국이 차지하는 위상은 매우 높아져 실로 대중 무역의존도는 해가 갈수록 커져가고 있다.

중국은 2004년부터 한국의 1위 교역파트너로 부각된 이후로 한국의 최대 수출국이자 수입국으로 자리매김하였는데, 특히 2015년 12월 20일 한·중 FTA 발효 이후 한중 간에 경제교류는 더욱 견고해질 것으로 예상된다.

이런 배경하에 수많은 학교에서 중국통상학과 등 중국과 무역을 하는 전문적인 인재를 양성하는 학과를 신설하거나 과정을 개설하였고, 수많은 기업에서 교육과정을 통해 중국어와 중국비즈니스문화에 능통한 전문인재를 선호하고 있어 비즈니스중국어의 중요성이 더욱 높아졌다.

하지만 안타깝게도 이런 수요에 부응하는 비즈니스중국어와 비즈니스문화 교재가 많지 않다는 것이 현실이다. 현재 시중에 판매되고 있는 비즈니스중국어 교재는 중국 내에서 출판된 라이센스 책들이 대부분이라, 기타 국가와 차별화하여 한국인의 특성 및 한·중 비즈니스 관습에 맞는 특화된 교재가 필요하다고 느끼는 사람이 적지 않다.

본 교재는 저자들이 관련 전공분야에 있어 대학교 강의 및 기업 출강 등 다양한 경험과 노하우를 바탕으로 비즈니스를 위한 만남에서 처음 대면하는 방법부터 협상 및 계약서류의 점검까지 포함시키는 과정을 통해 한중 비즈니스 관습을 최대한 반영하여 내용을 구성하였다. 구체적으로는 각 장마다 각 주제 관련 중국의 비즈니스문화와 중국비즈니스맨의 특유한 기질까지도 함께 추가하여 중국과의 비즈니스를 성공하는데 도움이 되고자 하였다.

본 교재가 초급 중국어를 학습한 학생뿐만 아니라 중국통상학과 전공자와 중국 비즈니스에서 성공하고자 하는 직장인들에게 중국비즈니스문화와 비즈니스중국어를 이해하고 학습하는데 있어 길잡이가 되었음 하는 것이 저자의 바람이다.

陈卓, 尹亨斌

차 례

등장인물 소개

중국 상하이 화리전자

王明_왕밍 사장

신뢰와 인맥을 중시함

刘好_리우하오 상무

왕밍 사장의 제갈량으로
똑똑하고 분석능력이 강함

陈桦_천화 비서

잘 웃고 활발한 성격으로
사장의 스케줄을 잘 챙김

한국 서울 오성전자

金永浩_김영호 팀장

매사에 확실하고
두리뭉실한 것을 싫어함

李在民_이재민 과장

술을 잘하고 영업력이 뛰어남

金喜秀_김희수 대리

일을 꼼꼼히 잘하는 똑순이

학 습 구 성

이 책의 활용

오프닝
주제와 관련된 정보 및 지식을 제공하고 과에서 배울 학습목표를 알아봐요.

단어
비즈니스 단어를 정리했어요. 단어 외우면서 비즈니스 실력을 키워요.

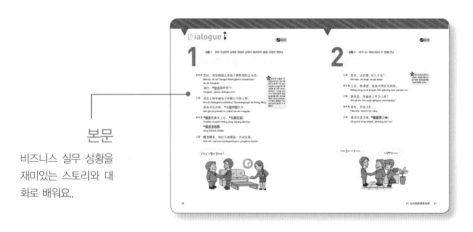

본문
비즈니스 실무 상황을 재미있는 스토리와 대화로 배워요..

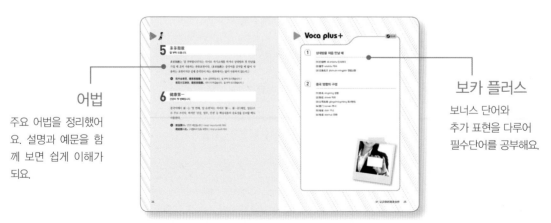

어법
주요 어법을 정리했어요. 설명과 예문을 함께 보면 쉽게 이해가 되요.

보카 플러스
보너스 단어와 추가 표현을 다루어 필수단어를 공부해요.

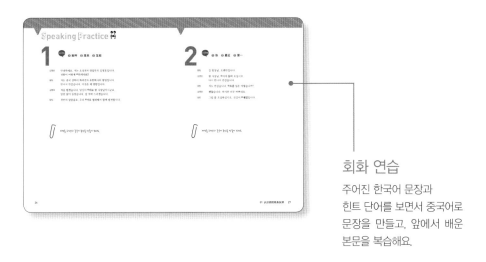

회화 연습

주어진 한국어 문장과
힌트 단어를 보면서 중국어로
문장을 만들고, 앞에서 배운
본문을 복습해요.

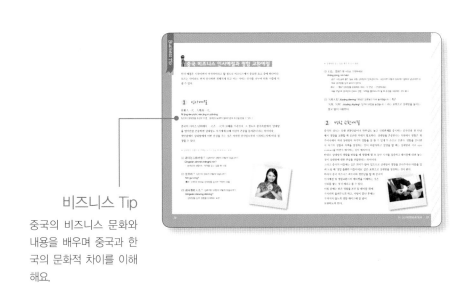

비즈니스 Tip

중국의 비즈니스 문화와
내용을 배우며 중국과 한
국의 문화적 차이를 이해
해요.

중국어의 기본, 간체자와 한어병음

우리가 배울 중국어는 보통화(普通话)입니다. 보통화는 중국에서 통용되는 한자인 간체자를 사용하며, 한어병음으로 발음을 표기합니다. 그 중 한어병음은 '성모 + 운모 + 성조'로 이루어집니다. 함께 책을 보며 살펴볼까요?

东 _{성모} **dōng** _{성조} _{운모} 명 동쪽

간체자 동쪽 방향을 뜻하는 글자 东입니다. 우리가 알고 있는 한자 東과는 모양이 다르지요? 표준어에서는 1956년부터 기존의 복잡한 글자를 간단하게 바꾼 새로운 표기법, 간체자를 사용하고 있습니다. 예전의 표기법은 번체자라고 구분하여 부르는데, 지금도 홍콩이나 타이완에서는 이 번체자를 사용한답니다.

한어병음 한자는 뜻글자이기 때문에 东만 보아서는 어떻게 읽는지 알 수 없습니다. 그래서 알파벳을 이용한 발음기호, 한어병음으로 알려줍니다. 东은 'dōng'으로 읽는데, 이 한어병음이 '성모 + 운모 + 성조'로 이루어져 있습니다.

성모 우리말의 자음에 해당하며, 21개가 있습니다.

운모 성모를 제외한 나머지 음절을 말하며, 38개가 있습니다.

성조 음절의 높낮이를 말하며, 4성이 있습니다.

중국어의 6가지 기본 운모

38개의 운모 중에서 가장 기본이 되는 6가지 기본 운모를 먼저 알아봅시다.

a ①

'**아**'처럼
입을 크게 벌리고
혀는 낮게.

o

'**오어**'처럼
입을 동그랗게
오므렸다가 풀어주고
혀는 중간 뒤쪽에.

e ②

'**으어**'처럼
입술을 옆으로 살짝 벌리고
윗니와 아랫니도 벌리고
혀는 뒤쪽 중앙에.

i ③

'**이**'처럼
입술을 옆으로 살짝 벌리고
윗니와 아랫니는 거의 붙이고
혀는 아래쪽 앞에

u

'**우**'처럼
입술을 내밀고.

ü ④

'**위**'처럼
입술을 동그랗게 내밀고.

① ian, üan의 형태로 쓰일 경우에는 우리말의 '에' 발음에 가깝습니다.
　tiāntiān [티엔티엔] 매일,　yuǎn [위앤] 멀다

② e의 기본 발음은 '으어'이지만, ie, ei, üe의 형태로 쓰일 때는 우리말의 '에'에 가깝게 발음합니다.
　yéye [예예] 할아버지,　fēijī [페이지] 비행기,　yuè [위에] 달

③ 보통 '이'로 발음하지만, z, c, s, zh, ch, sh, r 뒤에서는 '으'에 가깝게 발음합니다.
　jī [지] 닭,　xī [시] 서,　chī [츠] 먹다,　si [쓰] 4

④ 우리말 '위'의 발음은 '위이'에 가깝지만 ü는 처음부터 끝까지 입술을 오므리고 있어야 한다는 점을
　주의하세요.

※ i, u, ü가 다른 성모 없이 단독으로 사용될 때는 앞에 특정 성모를 첨가하여 yi, wu, yu로 표기합니다.
　이때 yu의 u는 ü를 의미하므로 '유'가 아니라 '위'로 발음해야 합니다.

03

중국어의 21가지 성모

성모는 자음을 뜻합니다. 영어보다 더 세고 된소리로 발음합니다.

◑ **쌍순음** : 윗입술과 아랫입술을 붙였다가 떼면서 발음하세요.

※순치음

b [bo] 뽀	p [po] 포	m [mo] 모	f [fo] 포
bàba	pópo	māma	fūfù
[빠바] 아버지	[포포] 시어머니	[마마] 어머니	[푸푸] 부부

※ 순치음 f 는 윗니와 아랫입술을 붙였다가 떼면서 발음하는데, 영어의 [f] 발음과 비슷합니다.

◑ **설첨음** : 혀끝을 앞니 뒤에 댔다가 떼면서 발음하세요.

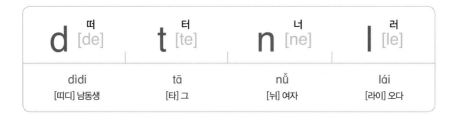

d [de] 떠	t [te] 터	n [ne] 너	l [le] 러
dìdi	tā	nǚ	lái
[띠디] 남동생	[타] 그	[뉘] 여자	[라이] 오다

◑ **설근음** : 혀뿌리로 목구멍을 막았다가 떼면서 발음하세요.

g [ge] 꺼	k [ke] 커	h [he] 허
gēge	kū	hē
[꺼거] 오빠, 형	[쿠] 울다	[허] 마시다

◑ **설면음** : 입을 옆으로 벌리고 혀를 평평하게 하면서 발음하세요.

j ^지 [ji]	q ^치 [qi]	x ^시 [xi]
jī [지] 닭	qīzi [치즈] 아내	xǐ [시] 씻다

◑ **권설음** : 혀끝을 말아 입천장에 붙였다가 약간 떼면서 발음하세요.

zh ^즈 [zhi]	ch ^츠 [chi]	sh ^스 [shi]	r ^르 [ri]
zhū [쥬] 돼지	chī [츠] 먹다	shū [슈] 책	rìjì [르지] 일기

※ 중국어 발음 중에서 가장 어려운 발음입니다. 여러 번 반복해서 연습하세요!

◑ **설치음** : 혀끝을 윗니의 뒤쪽에 댔다가 떼면서 발음하세요.

z ^쯔 [zi]	c ^츠 [ci]	s ^쓰 [si]
zìjǐ [쯔지] 자신	cù [추] 식초	sì [쓰] 넷

※ '쯧쯧'하고 혀를 찰 때와 위치가 같습니다. 권설음과는 확연하게 다른 발음입니다.

중국어의 4가지 성조

중국어 발음과 성조를 처음 배울 때 목이 조금이라도 쉬지 않으면 반칙입니다. 무슨 소리냐고요? 중국어에는 4개의 성조가 있는데, 노래하듯이 높낮이를 확실하게 구분해서 큰소리로 연습을 해야 합니다. 그래서 열심히 하다 보면 자기도 모르게 목이 쉬게 됩니다.

자, 준비됐나요?

1 성	산 정상에 올라 **"야호~"**하고 외칠 때처럼 같은 음을 길게 발음합니다.		mā [마] 어머니 māma [마마] 엄마
2 성	깜짝 놀라서 **"뭐?"**하고 되묻듯이 빠른 속도로 높이 끌어올려서 발음합니다.		má [마] 마(먹는 음식) yéye [예예] 할아버지
3 성	**"음~**(그렇구나)"하고 긍정할 때처럼 음이 내려갔다가 다시 올라오는 소리입니다.		mǎ [마] 말 nǎinai [나이나이] 할머니
4 성	화가 나서 **"야!"**하고 소리칠 때처럼 높은 음에서 낮은 음으로 떨어지는 소리입니다.		mà [마] 욕하다 bàba [빠바] 아빠

성조 부호는 음절표기상 운모(a, e, o, u, i) 위에 붙는데, 다음과 같은 규칙이 있습니다.

① 운모 중에 a가 있으면 반드시 a에 성조를 붙입니다.

    tā [타] 그   hǎo [하오] 좋다   kuài [콰이] 빠르다   lái [라이] 오다

② 운모 중에 a가 없으면 e와 o에 성조를 붙입니다.

    gěi [게이] 주다   hē [허] 마시다   duō [뚜어] 많다   kǒu [커우] 입

③ 운모 중에 a, e, o가 없으면, -iu는 u에, -ui는 i에 성조를 붙입니다.

    liù [리우] 여섯, 6   jiǔ [지우] 아홉, 9   shuǐ [쉐이] 물   tuǐ [퉤이] 다리

④ 운모 i에 성조를 붙여야 할 경우에는 i 위의 점을 떼고 붙입니다.

    bǐ [삐] 펜   sì [쓰] 넷, 4   chī [츠] 먹다   zìjǐ [쯔지] 자신

경성

두 음절 이상의 단어 가운데 마지막이나 가운데 음절은 종종 본래의 성조 대신 짧고 가볍게 발음하는 경우가 있는데, 이것을 '경성'이라고 합니다. 두 음절 중에서 앞 음절은 제대로 발음해주고 뒤 음절은 살짝 발음하면서 끊어주는 겁니다. 경성은 성조부호를 표기하지 않습니다.

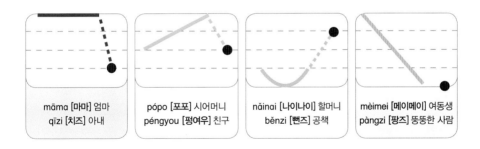

| māma [마마] 엄마 | pópo [포포] 시어머니 | nǎinai [나이나이] 할머니 | mèimei [메이메이] 여동생 |
| qīzi [치즈] 아내 | péngyou [펑여우] 친구 | běnzi [뻔즈] 공책 | pàngzi [팡즈] 뚱뚱한 사람 |

중국어의 13가지 복운모

복운모는 기본 운모가 2개 이상 합쳐진 발음입니다. 주요 운모인 a, o, e를 다른 운모보다 상대적으로 길게 발음합니다.

◑ 앞 운모의 발음을 길~게!

ai 아이	ei 에이	ao 아오	ou 오우
nǎinai	mèimei	māo	kǒu
[나이나이] 할머니	[메이메이] 여동생	[마오] 고양이	[커우] 입

※ e는 i, u, ü를 만나면 발음이 '어'가 아닌 '에'로 변합니다(ei, üe, uei).

◑ 뒤 운모의 발음을 길~게!

ia 이아	ie 이에	ua 우아	uo 우어	üe 위에
jiā	yéye	huā	wǒ	yuè
[쟈] 집	[예—예] 할아버지	[화] 꽃	[워] 나	[위에] 달
yá		wā		
[야] 치아		[와] 파다		

※ ia는 i를 너무 짧게 읽어 우리말의 '야'처럼 읽으면 안 됩니다.
　i로 시작하는 복운모 앞에 성모가 없으면 i를 y로 표기합니다.
※ ua는 u를 너무 짧게 발음하여 '아'처럼 읽으면 안 됩니다.
　u로 시작하는 복운모 앞에 성모가 없으면 u는 w로 표기합니다.
※ ü로 시작되는 복운모 앞에 성모가 없으면 ü는 yu로 표기합니다.

◑ 가운데 운모의 발음을 길~게!

iao 이아오	iou 이오우	uai 우아이	uei 우에이
yào	qiú	shuài	shuǐ
[야오] 약	[치우] 공	[솨이] 잘생겼다	[쉐이] 물

※ iao는 앞에 성모가 없으면 yao로 표기합니다.
※ iou는 앞에 성모가 없으면 you로 표기하고, 성모가 있으면 '성모 + iu'로 표기합니다.
※ uai는 앞에 성모가 없으면 wai로 표기합니다.
※ uei는 앞에 성모가 없으면 wei로 표기하고, 성모가 있으면 '성모 + ui'로 표기합니다.

중국어의 16가지 비운모

비운모는 콧소리가 나는 운모를 말합니다.

an 안
fàn [판] 밥

ian[①] 이엔
tiāntiān [티엔티엔] 매일

uan[②] 우안
tuántǐ [투안티] 단체　wǎn'ān [완안] 저녁 인사

üan[③] 위앤
yuǎn [위앤] 멀다

en 언
běnzi [뻔즈] 공책

in 인
jīnzi [진즈] 황금

uen[④] 원
wèntí [원티] 문제　chūntiān [춘티엔] 봄

ün 윈
xùnliàn [쉰리엔] 훈련　yùndòng [윈똥] 운동

ang 앙
pàngzi [팡즈] 뚱뚱한 사람

iang[⑤] 이앙
jiānglái [쟝라이] 장래

uang 왕
chuáng [촹] 침대　wǎngqiú [왕치우] 테니스

eng 엉
péngyou [펑여우] 친구

ing 잉
Yīngguó [잉궈] 영국

ueng[⑥] 웡
wēng [웡] 노인

ong[⑦] 웅
Zhōngguó [중궈] 중국

iong[⑧] 융
xióng [슝] 곰

① '이안'이 아니라 '이엔'으로 읽습니다. 앞에 성모가 없으면 yan으로 표기합니다.
② 앞에 성모가 없으면 wan으로 표기합니다.
③ '위안'이 아니라 '위앤'으로 읽습니다. 앞에 성모가 없으면 yuan으로 표기합니다.
④ 앞에 성모가 없으면 wen으로, 성모가 있으면 un으로 표기합니다.
⑤ 운모 앞에 성모가 없으면 yang으로 표기합니다.
⑥ 이 발음 앞에는 다른 성모가 오지 않습니다. 그래서 표기할 때는 항상 weng으로 표기합니다.
⑦ 너무 강하게 '웅'으로 발음하면 어색합니다. '옹'과 '웅'의 중간 발음쯤으로 소리 내보세요.
⑧ 운모 앞에 성모가 없으면 yong으로 표기합니다.

01 认识你的商务伙伴
비즈니스 파트너와의 첫만남

인사는 비단 비즈니스뿐만 아니라 모든 인간관계의 시작을 의미하는 것으로 상대방에 대한 기본적인 예의라고 할 수 있는데요. 인사에 대한 비즈니스 예절은 내가 먼저 인사한다는 마인드를 가지고 밝은 표정으로 상대방의 눈을 바라보면서 명랑한 목소리로 인사하도록 합니다. 이유는 상대방에게 어떤 자세로 다가가는지에 따라 인상이 달라지기 때문이에요. 그럼 중국어로 인사할 때 어떤 관용표현을 쓰는지, 지금부터 배워볼까요?

New Words

— 您好 nín hǎo 안녕하세요

— 五星电子销售部 Wǔxīng diànzǐ xiāoshòubù 오성전자 영업부

— 华丽电子有限公司 Huálì diànzǐ Yǒuxiàn gōngsī 화리전자 유한회사

— 请问 qǐngwèn 통 실례지만

— 怎么 zěnme 대명 어떻게

— 称呼 chēnghu 통 명 ~라고 부르다, 호칭

— 名片 míngpiàn 명 명함

— 原来 yuánlái 부 원래, 알고 보니

— 就是 jiùshì 부 바로

— 久仰大名 jiǔyǎng dàmíng 존함을 오래 전에 들었습니다, 말씀을 많이 들었습니다

— 多多指教 duōduō zhǐjiào 잘 부탁 합니다

— 哪里哪里 nǎlǐ nǎlǐ 천만의 말씀입니다

— 互相 hùxiāng 부 서로

— 帮助 bāngzhù 통 돕다

— 共同 gòngtóng 부 공동

— 发展 fāzhǎn 통 발전하다

— 好久不见 hǎojiǔ bújiàn 오랜만입니다

— 快 kuài 부 빨리

— 再次 zàicì 부 다시

— 最近 zuìjìn 부 최근에

— 工作 gōngzuò 명 직업, 업무

— 怎么样 zěnmeyàng 대명 어떠하다

— 忙 máng 형 바쁘다

— 注意 zhùyì 통 조심하다

— 身体 shēntǐ 명 몸, 신체

— 健康 jiànkāng 형 건강하다

— 第一 dìyī 수 제일

Dialogue

 CD-08

1

상황 1   한국 오성전자 김영호 팀장과 상하이 화리전자 왕밍 사장의 첫만남

金永浩　您好，我是韩国五星电子销售部的金永浩。
Nín hǎo, wǒ shì Hánguó Wǔxīng diànzǐ xiāoshòubù
de Jīn Yǒnghào.

请问，❶怎么称呼您*?
Qǐngwèn, zěnme chēnghu nín?

王明　我是上海华丽电子有限公司的王明，
Wǒ shì Shànghǎi Huálì diànzǐ Yǒuxiàn gōngsī de Wáng Míng,

很高兴认识你，这是我❷的名片。
hěn gāoxìng rènshi nǐ, zhè shì wǒ de míngpiàn.

金永浩　❸原来您就是王总，❹久仰大名，
Yuánlái nín jiù shì Wáng zǒng, jiǔyǎng dàmíng,

❺请多多指教。
Qǐng duōduō zhǐjiào.

王明　哪里哪里，咱们互相帮助，共同发展。
Nǎlǐ nǎlǐ, zánmen hùxiāng bāngzhù, gòngtóng fāzhǎn.

> **Tip** 당신의 이름은 무엇입니까?라는 뜻의 你叫什么名字? Nǐ jiào shénme míngzi?도 통성명할 때 자주 쓰이는 표현이다. 격식을 차리거나 연장자에게 성함을 물어볼 때는 怎么称呼您? Zěnme chēnghu nín?혹은 您贵姓? Nín guìxìng?의 표현이 더 적합하다.

호칭은 어떻게 할까요?

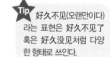

2

상황 2 비즈니스 파트너와의 두 번째 만남

王明 您好，金经理，好久不见*。
Nín hǎo, Jīn jīnglǐ, hǎojiǔ bújiàn.

> **Tip** 好久不见(오랜만이다)
> 라는 표현은 好久不见了
> 혹은 好久没见처럼 다양
> 한 형태로 쓰인다.

金永浩 王总，快请进，很高兴再次见到您。
Wáng zǒng, kuài qǐng jìn, hěn gāoxìng zàicì jiàndào nín.

王明 我也是。您最近工作怎么样?
Wǒ yě shì. Nín zuìjìn gōngzuò zěnmeyàng?

金永浩 很好，但是太忙。
Hěn hǎo, dànshì tài máng.

王明 请多注意身体，❻健康第一嘛!
Qǐng duō zhùyì shēntǐ, jiànkāng dìyī ma!

어서 들어 오십시오.

오랜만입니다.

Grammar & Pattern

1

怎么称呼您?
당신을 어떻게 불러야 하나요?

중국의 첫만남에서 상대방의 이름이나 직책을 알고 싶을 때 물어보는 표현이다. 만약 상대방의 성을 물을 때는 "您贵姓？(귀하의 성씨는 어떻게 되나요?)", 상대방의 이름을 물을 때는 "您叫什么名字？(당신의 이름은 무엇인가요?) "로 표현을 한다.

여기에서 怎么라는 의문대명사의 의미를 살펴보자.

(1) 어떻게, 어째서, 왜, 무슨

Ex 怎么了? (무슨 일 있니?)

怎么去北京? (베이징은 어떻게 가니?)

怎么迟到了? (왜 지각했지?)

(2) 아무리~해도, 어떻게~해도

Ex 我怎么做，也不行。(내가 어떻게 해도 안 된다.)

我怎么打电话，也不接。(내가 아무리 전화해도 안 받는다.)

2

这是我的名片。
이것은 나의 명함이다.

중국어에서는 구조조사 '的'를 사용해 소유나 소속의 의미를 나타낼 수 있다. '的' 구조는 수식어가 중심어를 수식하는 형태이다.

한국어에서는 '나의 형', '나의 동생'이라고 말하지만, 중국어에서는 가족이나 친척 등 가까운 사람에 대해 말할 때 '的(~의)'를 생략할 수 있으며 또한, 소속 단체에 대해 이야기할 때도 '的'를 생략할 수 있다.

Ex 名片是我的。(명함은 나의 것이다.)

这是你的书包吗? (이것은 너의 가방이니?)

我(的)哥哥 (나의 형)

3 原来您就是王总。
원래 당신이 왕 사장님이군요.

原来는 '원래의, 본래의'의 의미를 나타내지만, 여기서는 '알고 보니, 바로'의 의미로, 어떤 사실을 알게 되었음을 나타낸다.

Ex 他原来在韩国, 昨天来到了中国。(그는 원래 한국에 있었지만 어제 중국에 왔다.)
我说是谁, 原来是你。(나는 누군가 했더니, 알고 보니 너였구나.)

原来와 같은 의미로 쓰이는 부사 本来도 있다.
本来는 진실된 상황에 대한 발견이 아니라 이치상으로 '당연히 그래야 된다'는 의미를 나타낸다.

Ex 你病没好, 本来就不该出去。(병이 좋아지지 않았으니 나가지 말았어야지.)
你本来就应该努力工作。(너는 당연히 열심히 일을 해야 한다.)

4 久仰大名
존함을 오래 전부터 들었습니다.

비즈니스 파트너와 첫만남에서 명함교환 혹은 상대방을 소개받을 때 상대방을 높여서 '존함을' 이라는 어구로 표현을 한다.

Ex A: 这是我的名片。(이것은 제 명함입니다.)
B: 哦, 久仰大名, 原来您就是金部长啊。
(오, 존함을 오래 전부터 들었어요, 당신이 바로 김 부장님이군요.)

5 请多多指教
잘 부탁합니다.

多多指教는 '잘 부탁합니다'라는 의미로 자기소개를 하거나 상대방과 첫 만남을 가질 때 흔히 사용하는 관용표현이다. (多多指教는 중국어를 공부할 때 많이 사용하는 표현이지만 실제 중국인이 하는 대화에서는 많이 사용하지 않는다.)

Ex 我叫金泰明，**请多多指教**。(나는 김태명입니다, 잘 부탁합니다.)
很高兴见到你，**请多多指教**。(만나서 반갑습니다, 잘 부탁합니다.)

6 健康第一
건강이 첫 번째입니다.

중국어에서 第一는 '첫 번째, 일 순위'라는 의미로 '第一, 第一名'(제일, 일등)으로 주로 쓰인다. 하지만 '건강, 업무, 안전' 등 핵심내용의 중요성을 강조할 때도 사용된다.

Ex **安全第一**。(안전 제일입니다.) most important의 의미
考试第一名。(시험에서 일등 하였다.) first prize의 의미

Voca plus+

1 상대방을 처음 만날 때

(1) 打招呼 dǎ zhāohu 인사하다
(2) 握手 wòshǒu 악수
(3) 交换名片 jiāohuàn míngpiàn 명함교환

2 중국 명함의 구성

(1) 姓名 xìngmíng 성함
(2) 职位 zhíwèi 직위
(3) 公司名称 gōngsī míngchēng 회사명칭
(4) 部门 bùmén 부서
(5) 地址 dìzhǐ 주소
(6) 电话 diànhuà 전화

Speaking Practice

Hint ❶ 称呼 ❷ 原来 ❸ 互相

김영호 안녕하세요. 저는 오성전자 영업부의 김영호입니다.
당신을 어떻게 ❶불러야 하나요?

왕밍 저는 중국 상하이 화리전자 유한회사의 왕밍입니다.
만나서 반갑습니다. 여기 제 명함입니다.

김영호 당신이 ❷바로 왕 사장님이시군요.
말씀 많이 들었습니다. 잘 부탁 드리겠습니다.

왕밍 천만에요. 우리 ❸서로 협력해서 함께 발전합시다.

 메모를 하면서 중국어 문장을 만들어 보세요.

2

Hint ❶ 快 ❷ 最近 ❸ 第一

왕밍	안녕하세요, 김 팀장님. 오랜만입니다.
김영호	왕 사장님, ❶어서 들어 오십시오. 다시 만나서 반갑습니다.
왕밍	저도 반갑습니다. ❷요즘 일은 어떻습니까?
김영호	괜찮습니다. 하지만 많이 바쁘네요.
왕밍	그럼 건강 조심하십시오. 건강이 ❸제일입니다.

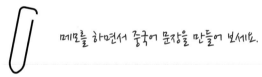

메모를 하면서 중국어 문장을 만들어 보세요.

인사예절과 명함 교환예절

인사 예절은 시작이면서 마지막이라고 할 정도로 비즈니스에서 중요한 요소 중의 하나이다. 모르는 사이라도 먼저 인사하면 친해지게 되고 아는 사이는 인사를 나누며 더욱 가깝게 지낼 수 있다.

1 인사예절

你敬人一尺，人敬你一丈。
Nǐ jìng rén yì chǐ, rén jìng nǐ yí zhàng.
(당신이 상대방을 존경한 만큼, 상대방으로부터 얼마만큼의 존경을 받을 수 있다.)

중국의 사이즈 단위에서 一丈은 一尺의 10배를 가리킨다. 그 정도로 중국속담에서 '상대방을 얼마만큼 존중하면 상대방도 자기에게 10배 이상의 존중을 돌려준다'라는 의미이다. 첫만남에서 상대방에게 어떤 인상을 주는 것은 어떠한 인사말로부터 시작하는지에 따라 결정할 수 있다.

상대방의 성함이나 직책을 모르고 있을 때 물어보는 표현:

(1) 请问怎么称呼您？ (실례지만 성함이 어떻게 되십니까?)
　　Qǐngwèn zěnme chēnghu nín?
　　– 상대방의 성함이나 직책을 알고 싶을 때 사용.

(2) 您贵姓？ (당신의 성씨가 어떻게 되십니까?)
　　Nín guì xìng?
　　– 贵는 '귀하'의 의미로 상대방을 높이는 억양이 있음.

(3) 请问尊姓大名？ (실례지만 존함이 어떻게 되십니까?)
　　Qǐngwèn zūnxìng dàmíng?
　　– 상대방을 높여 성함을 문의하는 표현.

상대방을 알고 있을 때의 첫 인사 표현:

(1) 王总，您好! (왕 사장님, 안녕하세요)
　　Wáng zǒng, nín hǎo!
　　　－ 总은 사장님의 줄인 말로 보통 상대방이 임원급이거나 사장이면 이렇게 칭하지만 업무의 담당이면 대
　　　　부분 상대방을 높여 总이라 칭한다.
　　　－ 你好 → '您好'(상대방을 존중하는 의미; 즉 안녕 → 안녕하세요)
　　　　처음 만날 때 상대방의 성씨나 성함, 직책을 물어보고자 할 때 존칭을 사용하는 것이 좋다.

(2) 久仰大名! **Jiǔyǎng dàmíng!** (명성은 오랫동안 익히 들어왔습니다.) 혹은
　　久仰，久仰! **Jiǔyǎng jiǔyǎng!** (일찍이 존함을 들었습니다.) 라는 표현으로 상대방을 높이는
　　말로 많이 사용한다.

2 명함 교환예절

중국의 상도는 오랜 전통만큼이나 자부심도 높고 신뢰관계를 중시하는 중국인과 첫 만남
에서 명함을 교환할 때 공손한 자세가 필요하다. 상대방을 존중한다는 차원에서 명함은 윗
주머니에서 꺼내 상대방이 자기의 성함을 잘 볼 수 있게 두 손으로 건넨다. 명함을 건네면
서 자기의 성함과 직책을 설명하는 것이 바람직하고 설명을 할 때는 상대방과 서로 eye
contact을 하면서 얘기하는 것이 예의이다.
반대로 상대방의 명함을 받았을 때 명함에 몇 초 동안 시선을 집중하고 테이블에 내려 놓는
것이 상대방에 대한 관심을 전달한다는 의미이다.
그리고 중국인의 이름에는 깊은 의미가 담겨 있으므로 상대방이 명함을 건네주거나 이름을
알려 줄 때 '정말 훌륭한 이름이네요' 같은 표현으로 상대방을 칭찬하는 것이 좋다.
따라서 중국 비즈니스 파트너와 첫만남을 할 때 중국의
인사예절 및 명함교환시의 에티켓을 이해하는 것은
신뢰를 쌓는 첫 단계라고 볼 수 있다.
미팅 중에는 받은 명함을 본인 앞 테이블 위에
가지런히 올려두도록 하고, 미팅이 끝난 후에는
구겨지지 않도록 명함 케이스에 잘 넣어
보관하도록 한다.

02 公司&工作介绍
회사&업무 소개

두 회사가 비즈니스 적으로 협력을 하려고 할 때 서로에게 '회사 및 업무소개'를 하는 것은 당연한 일이지요. 상대 회사에게 어떤 이미지로 회사를 소개하느냐에 따라 합작 가능성 여부를 파악하게 되므로, 회사를 소개할 때 어떠한 협력이 필요한지를 설득력 있게 설명해야 합니다. 이번 본문을 통하여 중국어로 회사소개는 어떻게 하는지, 그리고 상대방에게 담당업무가 무엇인지 물어볼 때 사용하는 표현을 배워봐요.

New Words

— 麻烦 máfan 동 귀찮게 하다, 폐를 끼치다

— 简单 jiǎndān 형 간단하다

— 介绍 jièshào 동 소개하다

— 位于 wèiyú 동 ~에 위치하다

— 水原市 Shuǐyuán Shì 지명 수원시

— 离 lí 전 ~로 부터, ~에서

— 只有 zhǐyǒu ~밖에 없다

— 共 gòng 부 모두

— 员工 yuángōng 명 임직원

— 全球 quánqiú 명 전세계

— 拥有 yōngyǒu 동 보유하다

— 分公司 fēngōngsī 명 지사

— 广州 Guǎngzhōu 지명 광저우(광주)

— 北京 Běijīng 지명 베이징(북경)

— 青岛 Qīngdǎo 지명 칭다오(청도)

— 规模 guīmó 명 규모

— 主要 zhǔyào 형 주요한, 주된

— 负责 fùzé 동 책임지다, 담당하다

— 市场 shìchǎng 명 시장

— 出差 chūchāi 동 출장 가다

— 辛苦 xīnkǔ 형 힘들다

— 工作 gōngzuò 명 직업, 업무

— 压力 yālì 명 스트레스

— 非常 fēicháng 부 매우

— 觉得 juéde 동 ~라고 여기다(생각하다), ~라고 느끼다

— 有意思 yǒuyìsi 형 재미있다

Dialogue

1

상황 1 왕 사장의 회사 소개 요청에 김 팀장은 오성전자에 대한 회사 소개를 하고 있다.

王明　❶麻烦*您简单介绍一下贵公司，好吗?

　　　Máfan nín jiǎndān jièshào yíxià guì gōngsī, hǎo ma?

金永浩　好的。 我们五星电子公司❷位于韩国的水原市，

　　　Hǎode. Wǒmen Wǔxīng diànzǐ gōngsī wèiyú Hánguó de Shuǐyuán Shì,

　　　❸离首尔只有五十分钟。

　　　Lí Shǒu'ěr zhǐyǒu wǔshí fēnzhōng.

　　　共有8500名员工，在全球拥有二十家分公司。

　　　Gòng yǒu bāqiān wǔbǎi míng yuángōng, zài quánqiú yōngyǒu èrshí jiā fēngōngsī.

王明　在中国有分公司吗?

　　　Zài Zhōngguó yǒu fēngōngsī ma?

金永浩　有，在广州、北京和青岛。

　　　Yǒu, zài Guǎngzhōu、Běijīng hé Qīngdǎo.

王明　公司的规模很大啊。

　　　Gōngsī de guīmó hěn dà a.

> **Tip**
> '폐를 끼치다'라는 뜻의 麻烦 máfan과 打扰 dǎrǎo의 차이점은 麻烦은 어떤 일이나 행동 자체가 하기 싫은 일이거나 안 좋은 일이라 싫다는 뜻으로 사용하는데, 이 말이 상대방의 입장에서 자기가 한 일이 안 좋거나 방해가 되는 일이라는 뜻으로 사용한다. 打扰는 자기가 하는 행동이 정신적으로 영향을 주어서 남의 일을 방해하거나 지장을 줄 때 쓴다.

간단히 회사를 소개해 주세요.

32

상황 2 김 팀장은 오성전자 회사 소개에 이어 자신이 회사에서 맡은 주요 업무 소개를 한다.

王明 请*问，您负责什么工作？
Qǐngwèn, nín fùzé shénme gōngzuò?

金永浩 我主要负责中国市场。
Wǒ zhǔyào fùzé Zhōngguó shìchǎng.

王明 您❹是不是常常出差？
Nín shì bu shì chángcháng chūchāi?

金永浩 对，我❺每月都去中国出差。
Duì, wǒ měiyuè dōu qù Zhōngguó chūchāi.

王明 工作很辛苦吧？
Gōngzuò hěn xīnkǔ ba?

金永浩 ❻虽然工作压力很大，但是我非常喜欢我的工作。
Suīrán gōngzuò yālì hěn dà, dànshì wǒ fēicháng xǐhuan wǒ de gōngzuò.

我觉得很有意思。
Wǒ juéde hěn yǒuyìsi.

Tip 업무상 메일을 쓰거나 평상시 공손함을 표현하고 싶을 때 请 qǐng이란 단어를 자주 쓴다. 문장의 앞이나 동사 앞에 请 하나만 붙여주면 '~하세요, ~해주세요'라는 뜻의 정중한 말투가 된다.

Grammar & Pattern

1

麻烦您简单介绍一下贵公司，好吗?
번거롭겠지만 귀사를 간단하게 소개해 주실 수 있나요?

여기에서 麻烦는 '번거롭다, 실례하다'로 해석이 된다. 즉 상대방에게 부탁할 때 주로 쓰인다.

Ex **麻烦**您告诉我。(번거롭겠지만 제게 알려주십시오.)
麻烦您过来一下。(실례지만 좀 도와 주세요.)

麻烦您了는 남에게 사과를 하거나 감사의 표시를 할 때 '번거롭게 하다, 수고하다'의 의미로 문장에 사용된다.

Ex 不好意思，**麻烦**您了。(번거롭게 해드려서 죄송합니다.)
谢谢您的帮助，**麻烦**您了。(당신께서 도와주셔서 감사합니다. 수고하셨습니다.)

2

我们五星电子公司位于韩国的水原市。
우리 오성전자는 한국 수원시에 위치해 있습니다.

位于는 '~에 위치하다, 자리잡고 있다'라는 의미로 사용된다.
位于의 주어는 '빌딩이나 건축물, 도시 등'이 될 수 있다. 位于와 유사한 의미로 座落于(자리잡고 있다)라는 표현으로도 사용된다.

Ex 万里长城**位于**北京。(만리장성은 베이징에 위치해 있다.)
东方明珠**位于**上海浦东。(동방명주는 상하이 푸동에 위치해 있다.)
位于(座落于)首尔的63大厦。(서울 시내에 자리잡고 있는 63빌딩.)

34

3

离首尔只有五十分钟。
서울에서 50분 거리밖에 안 된다.

离는 전치사로 '~에서, ~로 부터, ~까지' 혹은 동사로 '분리하다, 분산하다'라는 의미를 갖고 있다.

여기에서 离는 전치사로 공간적, 시간적 거리를 나타날 때 사용하는데, '离+장소/시간'의 문장형식을 쓴다.

Ex 韩国离日本很近。(한국에서 일본까지 매우 가깝다.)
我家离学校500米。(우리 집으로부터 학교까지 500미터이다.)
离奥运会还有两天。(올림픽까지 아직 이틀 남았다.)

4

您是不是常常出差?
당신은 자주 출장을 가세요?

是不是는 '~인가, 아닌가? 그렇지 않으냐?'라는 의미로 표현을 한다.

是不是는 술어의 바로 앞, 문두, 문미에 와서 만들어지는 정반의문문이다. (이 의문문은 주로 질문자가 상대방에게 자신의 예상에 대한 확인을 구하기 위해 사용된다.)

즉, 您是不是常常出差?(정반의문문) → 您常常出差，是吗?(일반의문문)

Ex 他是不是去中国出差了? (그가 중국에 출장간 것 맞으시죠?)
你是不是喜欢喝咖啡? (당신은 커피를 마시는 것 좋아하시죠?)
你是不是很忙? (당신은 많이 바쁘시죠?)

5 我每月都去中国出差。
나는 매달 중국으로 출장을 갑니다.

여기의 每月는 '매월, 다달이'라고 해석할 수 있다.

每는 '매, 마다'의 의미로 '每天(매일), 每周(매주), 每月(매월), 每年(매년)'등 주기를 표현할 때 흔히 사용한다.

> **Ex**　我每年都去日本旅行。(나는 매년 일본 여행을 간다.)

'매월'은 또 每个月로 쓸 수도 있는데, '매년'은 每个年이라 사용할 수 없다. 이유는 '년'은 양사이고 '월'은 명사이기 때문이다.

> **Ex**　我每个月都去青岛。(나는 매월 칭따오를 간다.)
> 　　 我每个年都去青岛。(X)

6 虽然工作压力很大，但是我非常喜欢我的工作。
비록 업무상 스트레스는 많이 받지만 제가 매우 좋아하는 일입니다.

虽然……但是……는 '비록 ~하지만'의 의미로 사용된다.

虽然은 먼저 어떤 사실을 제시한 후, 예측과 상반되는 사실을 이끌어 낸다. '但是'는 전환을 나타내며, 주로 어떤 일이나 상황이 예측이나 상식과 상반됨을 강조한다.

> **Ex**　虽然工作很忙，但是很开心。(업무는 바쁘지만 매우 즐겁다.)
> 　　 虽然我见过王总，但是不熟悉。(왕 사장님을 만나 보았지만 잘 알지는 못한다.)
> 　　 虽然汉语很难，但很有意思。(중국어는 매우 어렵지만 매우 재미있다.)

Voca plus+

 CD-14

1 중국 직할시

(1) 北京 Běijīng 베이징(북경)

(2) 上海 Shànghǎi 상하이(상해)

(3) 天津 Tiānjīn 톈진(천진)

(4) 重庆 Chóngqìng 충칭(중경)

2 기타 관련 용어

(1) 海外市场 hǎiwài shìchǎng 해외시장

(2) 美国市场 Měiguó shìchǎng 미국시장

(3) 总公司 Zǒnggōngsī 본사

(4) 办事处 bànshìchù 사무소

(5) 海外法人 hǎiwài fǎrén 해외법인

(6) 各行各业 gèháng gèyè 각종 직업, 각 분야

(7) 基础设施 jīchǔ shèshī 인프라

(8) 贸促会(中国国际贸易促进委员会) Màocùhuì 국제무역 촉진회

Speaking Practice

1

Hint ❶ 位于 ❷ 拥有 ❸ 规模

왕밍　죄송하지만 귀사를 간단하게 소개해 주실 수 있습니까?

김영호　네, 저희 오성전자는 한국 수원에 ❶위치해 있고
서울과의 거리는 50분밖에 안 걸립니다.
직원은 총 8,500명이 있고 전 세계에 20개 지사를
❷보유하고 있습니다.

왕밍　중국에도 지사가 있나요?

김영호　있죠, 광저우, 베이징과 칭다오에 있습니다.

왕밍　회사의 ❸규모가 크네요.

메모를 하면서 중국어 문장을 만들어 보세요.

2

Hint ❶ 负责 ❷ 常常 ❸ 每月

왕밍	여쭤 볼 게 있는데, 당신은 어떤 업무를 하시나요?
김영호	저는 주로 중국시장을 ❶담당하고 있습니다.
왕밍	당신은 ❷자주 출장을 가시나요?
김영호	그럼요, 저는 ❸매달 중국으로 출장을 갑니다.
왕밍	일은 많이 힘드시죠?
김영호	비록 업무 스트레스는 많이 받지만, 제가 좋아하는 일이라 재미 있습니다.

메모를 하면서 중국어 문장을 만들어 보세요.

한국과 중국 기업의 직급 호칭

직장에서는 많은 사람들의 이해관계가 서로 얽혀 있기 때문에 직장에서의 언어 예절은 매우 조심스럽다. 특히 대화에 있어서 상대를 부를 때 올바른 호칭을 사용하는 것이 중요하다.

1 한국과 중국의 직책 차이

중국은 나이 차이를 많이 따지지 않고 자기보다 나이가 많든 적든 마음만 맞는다면 다 친구가 될 수 있다. 비록 비즈니스 현장에서도 나이를 따지지는 않지만 직책은 반드시 명확하게 해야 한다.

하지만 한국과 중국의 직책 차이로 인하여 상대방의 명함을 받은 후 상대방이 해당부서에 어느 위치를 차지하고 있는지 파악하기 힘들다.

따라서 중국과 한국의 직책 차이를 우선 이해해야 한다.

우선 한국의 직책 순서를 위부터 아래로 살펴보자면:

중국의 사기업에서 사용되는 직책 호칭:

중국에서 직책 호칭	한국에서 직책 호칭
董事长 dǒngshìzhǎng	회장
总经理 zǒngjīnglǐ	사장, 대표이사
总监 zǒngjiān	전무, 상무
经理 jīnglǐ	부장, 팀장
主任 zhǔrèn	차장, 과장
职员 zhíyuán	사원

2 중국 국유기업과 사업단위의 "이중조직"

국유기업(国有企业)은 국가의 자금을 투자하여 설립한 기업을 말한다. 예컨대, 중국 석유화학, 중국석유, 차이나 텔레콤 등이 있다.

사업단위(事業単位)는 정부가 설립한 공공기구를 말한다. 예컨대, 대학교, 종합병원, 과학연구기구 등이 있다.

여기에서 '이중조직'은 국유기업과 사업단위에 '공산당 관리조직과 이사회 경영조직'이 공존한다는 것을 의미한다. 경영조직의 수장인 국유기업의 CEO나 사업단위의 장이 해당 국유기업이나 사업단위의 경영을 전반적으로 책임지고, 당조직의 수장인 당서기가 인사/관리 등 경영지원을 총괄하는 경우가 다수이다.

그러나 이러한 이중조직에 사업방향의 충돌이 발생하는 경우에 결정권이 경영을 책임지는 CEO에게 혹은 경영지원을 맡는 당서기에게 주어지느냐의 의문이 많았다.

경영을 전반적으로 책임지는 CEO에 대해 당조직의 수장인 당서기가 필요에 따라 CEO의 任免權까지 가지고 있어 경영조직에 비해 당조직의 지배력이 더 크다고 볼 수 있겠다.

예컨대, 국유은행의 행장과 이사장은 모두 공산당 중앙조직부터 직접 임명하여 관리를 한다. 따라서 중국의 국유기업, 사업단위를 바라볼 때 '이윤추구'만이 최종목표가 아닌 당이 추구하고자 하는 방향과 일치하는 것이 목표이다.

03 办公室用语
사무실 용어

사무실에서는 컴퓨터, 프린터, 복사기 등 사무용품을 자주 사용하는 데요. 사무용품 관련 어휘를 기본적으로 알아두면 회사동료에게 도움을 청할 때, 보다 자연스러운 표현을 구사할 수 있습니다. 회사에서 어떻게 동료와 업무적인 커뮤니케이션을 하는지, 사무용품 및 사무실에서 자주 쓰는 용어와 관용표현들을 배워볼까요?

New Words

- 想 xiǎng 조통 ～하고 싶다
- 复印 fùyìn 통 복사하다
- 材料 cáiliào 명 자료
- 就 jiù 부 곧
- 能 néng 통 ～할 수 있다
- 教 jiāo 통 가르치다
- 用 yòng 통 사용하다
- 没问题 méi wèntí 문제없다
- 纸 zhǐ 명 종이
- 放 fàng 통 놓아주다
- 行 xíng 통 좋다
- 感谢 gǎnxiè 통 고맙다
- 以后 yǐhòu 통 이후
- 得 děi 통 ～해야 한다
- 客气 kèqi 형 체면을 차리다
- 刚才 gāngcái 명 방금 전
- 会议 huìyì 명 회의
- 记录 jìlù 명 통 기록(하다)
- 整理 zhěnglǐ 통 정리하다
- 邮件 yóujiàn 명 우편물
- 发给 fāgěi 건네주다, 교부하다
- 订单 dìngdān 명 주문서
- 协商 xiéshāng 통 협상하다
- 老客户 lǎo kèhù 기존 고객, 단골 고객
- 放心 fàngxīn 통 마음을 놓다

Dialogue

1

상황 1   천화 비서가 리우하오 상무에게 복사기 사용법을 알려주는 상황

刘好　小*陈，我想复印一下这❶份材料。
Xiǎo Chén, wǒ xiǎng fùyìn yíxià zhèfèn cáiliào.

陈华　复印机就在那边。
Fùyìnjī jiù zài nàbiān.

刘好　你能教我怎么用吗?
Nǐ néng jiāo wǒ zěnme yòng ma?

陈华　没问题。
Méi wèntí.

先❷把纸放进复印机，然后❸跟我一样做就行。
Xiān bǎ zhǐ fàngjìn fùyìnjī, ránhòu gēn wǒ yíyàng zuò jiù xíng.

刘好　太感谢了，❹以后说不定得常麻烦你。
Tài gǎnxiè le, yǐhòu shuō bú dìng děi cháng máfan nǐ.

陈华　您太客气了。
Nín tài kèqi le.

> **Tip** 사람을 부를 때 小 xiǎo나 老 lǎo를 성씨 앞에 붙여 친근감을 나타낸다. '小+성씨'는 나보다 나이가 어린 사람을 부를 때 사용하고 '老+성씨'는 나보다 나이가 많은 사람을 친근하게 부를 때 쓴다.

2

상황 2 　오성전자 이재민 과장과 김희수 대리가 회의를 하고 있다.

李在民　刚才的会议记录整理一下给我。
Gāngcái de huìyì jìlù zhěnglǐ yíxià gěi wǒ.

金喜秀　用邮件发给您吗?
Yòng yóujiàn fā gěi nín ma?

李在民　好的。北京的订单怎么样了?
Hǎode. Běijīng de dìngdān zěnmeyàng le?

金喜秀　销售部❺正协商呢。
Xiāoshòubù zhèng xiéshāng ne.

李在民　❻要尽快，这是咱们公司的老客户了。
Yào jǐnkuài, zhè shì zánmen gōngsī de lǎo kèhù le.

金喜秀　好的，您放心。
Hǎode, nín fàngxīn.

Tip　顾客 gùkè 고객: 기업체나, 서비스산업체에서 상대하는 고객
客人 kèrén 손님: 일반 가정집이나 식당, 여관, 호텔 등 서비스 업체에 방문하는 손님
客户 kèhù/客商 kèshāng 거래처, 바이어: 비지니스에서 많이 사용되는 바이어, 협력업체, 거래처를 뜻함

초대한 빨리 해주세요!

Grammar & Pattern

1 我想复印一下这份材料。

나는 이 자료를 복사하려고 합니다.

这份材料는 '이 자료'라고 해석한다. 여기에서 份은 양사로 '권, 부'의 의미를 가진다. 문장구조로 봤을 때 주로 '지시대사+양사+명사' 형태의 문장으로, '지시대사'자리에 '수사'가 쓰이기도 한다.

份을 '(인)분'으로 해석할 때는 주로 식사를 세는 양사로 쓰인다.

Ex 我要三人份。(3인분 주세요.)
给我两份牛肉。(소고기 2인분 주세요.)

份을 '부, 가지'로 해석할 때는 주로 신문, 잡지 등을 세는 양사로 쓰인다.

Ex 三份报纸 (신문 3부)

2 先把纸放进复印机。

먼저 종이를 복사기에 넣어 주십시오.

把는 '~가 ~을 하다'라는 의미를 갖는다.
'주어+把+목적어+술어+기타성분'형식의 문장을 把자문이라고 한다.

Ex 这份文件我看完了 → 我把这份文件看完了。(나는 이 문서를 다 보았다.)
飞机票我扔了 → 我把飞机票扔了。(나는 비행기표를 버렸다.)

Tip 위 예문의 주체는 '나'이므로 '내가 무엇을 어떻게 하다'일 경우 많이 사용된다. 중국에서는 把자문을 '처치문'으로 많이 사용하고 있다.
이와 상반되는 자문은 被로 '~가 ~에 의해서 ~되다'라는 의미이다.

Ex 文件被我弄乱了。(문서는 나에 의해서 보내졌다.)
飞机票被我扔了。(비행기표가 나에 의해서 버려졌다.)

3 然后跟我一样做。

그런 다음 저처럼 사용하세요.

'A跟B一样……'은 'A는 B처럼 ~하다, A와 B는 같다'의 문장 구조로 쓰이고 있다.

Ex 这手机跟那部一样贵。(이 휴대전화는 저것처럼 비싸다.)
本公司跟贵公司规模一样大。(본사의 규모는 귀사만큼 크다.)
他跟爸爸一样优秀。(그는 아빠처럼 뛰어나다.)

4 以后说不定得常麻烦你。

이후에도 아마 자주 부탁 드려야 할지 모르겠습니다.

以后는 '그 후에'라는 의미로 어느 시점을 기준으로 하여 이후를 말한다.

Ex 我一个月以后去美国。(나는 한 달 후에 미국으로 간다.)
2010年以后我就来北京了。(2010년 이후에 나는 베이징에 왔었다.)

说不定은 '짐작컨대(아마) ~일 것이다'라는 의미로 확실하지 않지만 어느 정도 가능성을 가지고 있을 경우에 사용한다.

Ex 说不定他不去了。(짐작컨대 그는 가지 않을 수도 있다.)
说不定我要去公司。(아마 내가 회사에 갈 것이다.)

5

销售部正协商呢。
영업부에서 협상 중입니다.

여기에서 正……呢은 '~하고 있는 중이다'의 의미로 쓰인다.
正은 呢를 동반하여 진행되는 시간을 강조한다. 따라서 正은 대개 특정한 시간을
나타내는 말과 함께 사용된다.

> **Ex** 我正想找你呢。(내가 마침 너를 찾고자 했는데.)
> 我去公司的时候，他正打电话呢。
> (내가 회사에 갔을 때, 그는 마침 전화를 하는 중이었다.)

正과 유사한 표현으로는 正在가 있다. 이는 동작이 진행되는 시간과 동작의 진
행상태를 모두 강조한다. 따라서 正在는 대개 특정한 시간을 나타내는 말과 함께
사용된다.

> **Ex** 我正在学习汉语。(나는 지금 중국어를 공부하고 있다.)
> 他正在看电影。(그는 지금 영화를 보고 있다.)

6

要尽快。
되도록 빨리 해야 한다.

본문에서의 要는 '해야 한다' 또는 '~하고 싶다'의 의미도 내포하고 있다.
要는 어떤 일을 하려는 의지와 바람을 나타난다.

> **Ex** 我要努力工作。(나는 열심히 일을 해야 한다.)
> 我要请你帮忙。(당신이 나를 도와 주었으면 합니다.)

尽快는 '되도록 빨리, 최대한 빨리'의 의미로 쓰인다.

> **Ex** 我会尽快完成工作。(나는 최대한 빨리 일을 마치겠다.)
> 尽快适应中国的生活。(최대한 빨리 중국의 생활에 적응하세요.)

Voca plus+

① 사무기기

(1) 打印机 dǎyìnjī 프린터
(2) 复印机 fùyìnjī 복사기
(3) 传真机 chuánzhēnjī 팩스
(4) 扫描仪 sǎomiáoyí 스캐너
(5) 电脑 diànnǎo 컴퓨터
(6) 电话机 diànhuàjī 전화기

② 사무용품

(1) 订书器 dìngshūqì 스템플러
(2) 计算器 jìsuànqì 계산기
(3) 胶带 jiāodài 스카치테이프
(4) 图钉 túdīng 압정
(5) 回形针 huíxíngzhēn 클립
(6) 文件夹 wénjiànjiā 파일
(7) 复印纸 fùyìnzhǐ 복사지

③ 일반 업무용어

(1) 发传真 fā chuánzhēn 팩스를 보내다
(2) 发电子邮件 fā diànzǐ yóujiàn 이메일을 보내다
(3) 打电话 dǎ diànhuà 전화하다
(4) 整理资料 zhěnglǐ zīliào 자료를 정리하다
(5) 开会 kāihuì 회의를 하다
(7) 冲咖啡 chōng kāfēi 커피를 타다
(8) 复印机坏了 fùyìnjī huài le 복사기가 고장나다

Speaking Practice

Hint ❶ 这份材料　❷ 教　❸ 把　❹ 跟……一样

리우하오　천화씨, ❶이 자료를 복사하고 싶어요.

천화　　　네, 복사기가 저쪽에 있습니다.

리우하오　어떻게 사용하는지 제게 ❷가르쳐 줄 수 있나요?

천화　　　그럼요. 먼저 종이❸를 복사기에 넣어 주세요,
　　　　　그 다음 ❹저처럼 사용하시면 됩니다.

리우하오　정말 감사합니다. 이후에도 자주 번거롭게 할지 모르겠습니다.

천화　　　천만에요.

 메모를 하면서 중국어 문장을 만들어 보세요.

2

Hint ❶ 用 ❷ 订单 ❸ 咱们公司

이재민   방금 전의 회의기록을 좀 정리해서 주세요.

김희수   이메일❶로 보낼까요?

이재민   네. 베이징의 ❷주문서는 어떻게 되었나요?

김희수   영업부에서 협상 중입니다.

이재민   최대한 빨리 해야 해요. 이 분은 ❸우리 회사의 단골고객입니다.

김희수   알겠습니다. 걱정하지 마세요.

메모를 하면서 중국어 문장을 만들어 보세요.

중국의 기업형태와 문화

중국의 기업은 국유기업, 집단 소유제기업, 사기업, 외국인 투자기업 등 4가지 형태로 나눌 수 있다.

1 기업형태별 특징

(1) 국유기업

국유기업은 사회경제를 조절하고 국가의 경제계획을 수행하는 기업으로 이윤이 없는 분야일지라도 국가 정책에 맞추어 경영한다. (예컨대, 전자통신업, 석유 등 나라의 기간산업)

(2) 집단 소유제기업

집단 소유제기업은 노동집단 등 집단성이 있는 법인이 출자하여 설립한 기업을 말한다. 이런 기업은 국유기업과 더불어 사회주의 공유제 경제의 중요한 구성 부분이다.

(예컨대, Haier 그룹, TCL 그룹, 청도맥주 유한회사 등)

(3) 사기업

사기업은 중국에서 사영기업이라 하는데 이것은 개인이 기업재산을 소유하고 피고용인이 8명 이상인 영리조직을 말한다.

(예컨대, Taobao 인터넷 쇼핑몰, 개인 광고회사 등)

(4) 외국인 투자기업

- 합자기업(외국투자자와 중국투자자가 공동출자)
- 합작기업(외국투자자와 중국투자자가 공동 투자하며 계약에 따라 권리와 의무를 부담함)
- 외자기업(외국투자자가 단독 투자설립, 프로젝트 출자의 25% 이상이 외국투자자임)

    (예컨대, 베이징 현대자동차, 미래에셋 차이나)

2 중국의 대표 기업문화

한국의 대표 기업문화는 바로 삼성, LG, SK, 롯데 등 대기업과 그 외의 중소기업으로 형성되어 있다고 볼 수 있지만 중국은 다르다.

중국의 기업은 비록 국유기업, 집단 소유제기업, 사기업, 외국인 투자기업 등 4가지 형태로 나눌 수 있지만 크게는 国有企业 VS. 私营企业(국유기업 VS. 사기업)으로 볼 수 있다. 2012년, 중국 500대 기업 중 매출액 순으로 보자면 국유기업의 비중이 70%가 넘는다. 그리고 중국 전체 경제총액 중에서 국유기업의 비중이 45%를 차지하고 있다. 즉, 중국의 대부분 대기업과 병원, 학교, 은행 등의 대형기구가 국유기업(혹은 집단 소유제기업)이라 볼 수 있다. 따라서 기업의 문화는 두 가지 형태로 나누어서 살펴 보아야 한다.

1. 국유기업(혹은 집단 소유제기업):
– 关系 guānxi(인맥) 위주의 기업문화
혈연(가족), 학연(칭화대, 베이징대 등 출신과의 동창연맹), 업종(업종간의 상호 이해관계) 등으로 关系를 통한 업무처리가 더욱 원활하게 진행될 수 있다.

2. 사기업(혹은 외국인 투자기업):
– 能力与创造 nénglì yǔ chuàngzào(능력과 창조)
사기업은 업무처리 능력과 창조력이 뛰어난 사람을 원한다. 그리고 사기업의 기업문화는 결과주의라고 볼 수 있다. 즉, 기업의 이윤창출을 할 수 있는 직원이 보상을 많이 받을 수 있다.

국유기업과 사기업에 모두 다 적용할 수 있는 기업문화는 바로 접대문화이다. 어떤 기업이든 식탁이 사교의 장 역할을 하며 술과 식사예절도 중국기업 문화의 중요한 부분이다.

04 机场迎接
공항마중

회사와 관련해서 외국 바이어를 공항에서 만나거나, 꼭 업무상의 이유가 아니더라도 공항에 마중을 나가야 하는 경우가 있죠. 공항에서 비즈니스 파트너를 만났을 때 어떻게 말하는 것이 좋을까요? 이번 과에서는 공항에서 바이어를 마중할 때 어떻게 하면 보다 편안하고 자연스럽게 대화를 이끌어가는지 배워봐요.

New Words

— 欢迎 huānyíng 图 환영하다

— 让 ràng 图 ～하도록 시키다

— 接 jiē 图 접근하다, 연결하다

— 高兴 gāoxìng 형 기쁘다, 즐겁다

— 认识 rènshi 图 알다, 인식하다

— 十分 shífēn 부 매우

— 飞机 fēijī 명 비행기

— 晚点 wǎndiǎn 图 연착하다

— 久等 jiǔděng 图 오래 기다리다

— 不好意思 bù hǎoyìsi 실례합니다

— 辛苦 xīnkǔ 형 수고했습니다, 수고하십니다

— 期待 qīdài 图 기대하다

— 见面 jiànmiàn 图 만나다

— 路上 lùshang 가는 길에

— 顺利 shùnlì 형 순조롭다

— 谈 tán 图 논의하다, 말하다

— 产品 chǎnpǐn 명 제품, 상품

— 问题 wèntí 명 문제

— 急 jí 형 급하다, 빠르다

— 休息 xiūxi 图 휴식하다

— 酒店 jiǔdiàn 명 호텔, 식당

— 一切 yíqiè 대명 전부, 모든, 일체

— 安排 ānpái 图 안배하다, 일을 처리하다

Dialogue

CD-20

1

상황 1 한국 오성전자 이재민 과장이 중국의 화리전자 리우하오 상무를 마중하러 공항에 왔다.

李在民 刘总监，欢迎您来韩国。
Liú zǒngjiān, huānyíng nín lái Hánguó.

我是五星公司的李在民，金经理❶让我来接您。
Wǒ shì Wǔxīng gōngsī de Lǐ Zàimín, Jīn jīnglǐ ràng wǒ lái jiē nín.

刘好 您好，很高兴认识*您，❷十分感谢您来❷接我。
Nín hǎo, hěn gāoxìng rènshi nín, shífēn gǎnxiè nín lái jiē wǒ.

飞机晚点了，让您久等，真不好意思。
Fēijī wǎn diǎn le, ràng nín jiǔ děng, zhēn bù hǎoyìsi.

李在民 您太客气了，一路❸上辛苦了。
Nín tài kèqi le, yí lùshang xīnkǔ le.

刘好 不辛苦，我很期待与贵公司的金经理见面。
Bù xīnkǔ, wǒ hěn qīdài yǔ guì gōngsī de Jīn jīnglǐ jiànmiàn.

> **Tip** 认识 rènshi 알다, 인식하다: 대상은 어떤 사람 장소 사물이다. 만나 본 적이 있거나 사진을 본적이 있어서 그 사람의 생김새가 어떤지 알지만 상대방은 나를 모를 수도 있고, 또는 서로 알고 있는 경우에 쓰여요. 보통은 처음 만났을 때 자주 씀
> 知道 zhīdao 알다, 이해하다: 목적어는 불특정 사람 장소 사건 사물 등이 오는데, 목적어가 사람일 경우 그 사람의 이름이나 관련된 사건을 알고 있지만 만나본 적이 없다는 뜻

2

상황 2 이재민 과장이 리우하오 상무가 한국에 머무르는 동안 묵을 호텔로
안내하고 마침 호텔 로비에서 기다리고 있던 김영호 팀장과 만났다.

李在民 刘总监，路上顺利吗?
Liú zǒngjiān, lùshang shùnlì ma?

刘好 飞机晚点了一个小时，❹不过其他的都很顺利。
Fēijī wǎndiǎn le yí ge xiǎoshí, búguò qítā de dōu hěn shùnlì.

咱们❺现在就去公司谈产品问题，好吗?
Zánmen xiànzài jiù qù gōngsī tán chǎnpǐn wèntí, hǎo ma?

李在民 您别急。您❻先休息一会儿，然后再去吃晚饭。
Nín biéjí. Nín xiān xiūxi yíhuìr, ránhòu zài qù chī wǎnfàn.

您看怎么样?
Nín kàn zěnmeyàng?

刘好 我太心急了。好的，一切听您安排。
Wǒ tài xīn jí le. Hǎode, yíqiè tīng nín ānpái.

Grammar & Pattern

1 金经理让我来接您。
김 팀장님이 제게 당신을 마중하라고 시켰습니다.

让은 사역동사로 '~하게 하다, ~하도록 시키다'라는 의미를 갖는다. 즉 A가 B에게 명령을 내린다.

> **Ex** 我让他去接你。 (나는 그에게 당신을 마중하라고 시켰다.)
> 我让小李去中国。 (나는 이 군에게 중국으로 가라고 했다.)

그 외 让은 또 '비키다, 권하다, 양도하다, 양보하다' 등의 의미가 있지만 비즈니스에서 '양보하다'의 의미로도 많이 쓰인다.

> **Ex** 这次生意，我让给你。 (이번 비즈니스는 내가 당신에게 양보를 하겠다.)
> 你让我3,000美金吧。 (당신이 내게 3,000달러만 양보해 주십시오.)

2 十分感谢你来接我。
저를 마중해 주셔서 매우 감사 드립니다.

十分은 '10점'이라는 뜻도 있지만, 여기서는 부사로 쓰여, '매우, 대단히' 등의 뜻으로 쓰인다.

> **Ex** 我十分喜欢这台车。 (나는 이 차를 매우 좋아한다.)
> 我得了十分。 (나는 10점을 맞았다.)

接는 '받다, 접수하다' 등의 뜻으로도 쓰이지만, 여기서는 '맞이하다, 마중하다' 등의 뜻으로 쓰인다.

> **Ex** 我去机场接王总。 (나는 공항에 가서 왕 사장님을 마중한다.)
> 他现在不能接电话。 (그는 지금 전화를 받지 못한다.)

3 一路上辛苦了。

오시느라 수고하셨습니다.

上은 어느 상태에 진입하여 그 상태에 계속 존재함을 나타낸다. 결과보어 上은 높은 수준이나 단계에 도달하거나 그 상태에서 계속 유지한다는 의미를 내포하고 있다.

> **Ex** 他考**上**了大学。 (그는 대학의 입학시험에 합격했다.)[단계도달 및 상태유지]
> 金老师戴**上**了眼镜。 (김 선생은 안경을 꼈다.)[상태유지]
> 她开**上**了汽车。 (그녀는 자동차를 운전하고 다니게 되었다.)[수준도달]

4 不过其他的都很顺利。

하지만 나머지는 모두 순조로웠습니다.

不过는 '그러나, 그런데, ~에 불과하다'의 의미를 가진다.
不过는 반전을 나타내며, 또 다른 상황을 이용해서 앞에서 설명한 상황에 대해 보충 설명한다.

> **Ex** 有办法, **不过**不太容易解决。
> (방법은 있지만 해결하기가 쉽지 않다.)
> 公司状况不太好, **不过**现在好多了。
> (회사의 상황이 많이 안 좋았는데 지금은 많이 좋아졌다.)

'그러나, ~에 불과하다'와 같은 의미로 但是라는 의미도 있다.
但是도 반전을 나타내지만 주로 어떤 일이나 상황이 예측이나 상식과 상반됨을 강조한다.

> **Ex** 他平时学习很好, **但是**没有考上大学。
> (그는 평소에 공부를 잘하지만, 대학시험에서 합격하지 못했다.)
> 虽然他工作很仔细, **但是**经常发错传真。
> (비록 그는 업무는 꼼꼼하게 하지만, 팩스를 자주 잘못 보내곤 한다.)

5 咱们现在就去公司谈产品问题, 好吗?

우리 지금 회사에 가서 제품문제를 얘기할까요?

现在는 '현재, 지금'이라는 의미로 쓰인다.

Ex 我们现在去公司吗? (우리는 지금 회사에 가나요?)
你现在吃饭吗? (너는 지금 밥을 먹나요?)

여기에서 在는 '~하는 중이다'의 의미로 동작의 진행을 나타내는 현재진행형의 시태로 사용된다. 보편적인 문장형태는 '주어+在+동사+목적어'로 사용한다.

Ex 我在打字。(나는 타이핑을 하고 있다.)
你在做什么呢? (당신은 지금 무엇을 하고 있나요?)

6 您先休息一会儿, 然后再去吃晚饭。

먼저 좀 쉬시고 (연후에) 저녁식사를 하러 갑시다.

'先……然后'는 '먼저 ~하고 연후에 ~하다'의 의미로 쓰인다.
즉, 두 번째 일이 첫 번째 일 다음에 발생함을 나타낸다.

Ex 我们先在公司开会, 然后去吃饭。(우리는 먼저 회사에서 회의를 하고 밥 먹으러 간다.)
我先去宾馆休息一下, 然后去工厂。(나는 먼저 호텔에 가서 잠깐 쉬고 공장으로 간다.)
陈华先去上海, 然后去杭州。(천화는 먼저 상하이에 갔다가 항저우로 간다.)

Voca plus+

1 공항관련

(1) 机场 jīchǎng 공항

(2) 海关 hǎiguān 세관

(3) 机票 jīpiào 비행기표

(4) 手续 shǒuxù 수속

(5) 空姐 kōngjiě 스튜어디스

(6) 护照 hùzhào 여권

(7) 机场巴士 jīchǎng bāshì 리무진 버스

(8) 高速公路 gāosùgōnglù 고속도로

2 호텔관련

(1) 大堂 dàtáng 로비

(2) 前台 qiántái 카운터

(3) 客房 kèfáng 객실

(4) 房费 fángfèi 숙박비

(5) 押金 yājīn 보증금

(6) 签名 qiānmíng 싸인

(7) 确认预约 quèrèn yùyuē 예약 확인

(8) 取消预约 qǔxiāo yùyuē 예약 취소

(9) 登记 dēngjì 체크인

(10) 退房 tuìfáng 체크 아웃

(11) 房间钥匙 fángjiān yàoshi 방 열쇠

(12) 商务中心 shāngwù zhōngxīn 비즈니스 센터

Speaking Practice

Hint ❶接 ❷十分 ❸晚点 ❹一路

이재민   리우 상무님, 한국에 오신 걸 환영합니다.
저는 오성전자의 이재민입니다.
김 팀장님이 제게 당신을 ❶마중하라고 했습니다.

리우하오   안녕하세요. 만나서 반갑습니다.
저를 마중해 주셔서 ❷매우 감사 드립니다.
비행기가 ❸연착하여, 오래 기다리게 해서 정말 죄송합니다.

이재민   별말씀을요. ❹오시느라 수고가 많으셨습니다.

리우하오   괜찮습니다. 귀사의 김 팀장님을 뵙기를 기대합니다.

 메모를 하면서 중국어 문장을 만들어 보세요.

2

 Hint ❶ 不过 ❷ 现在 ❸ 先……然后

이재민   리우 상무님, 오시는 길은 순조로웠나요?

리우하오   비행기가 한 시간 연착했습니다. ❶하지만 나머지는 모두 순조로웠습니다.
우리 ❷지금 회사에 가서 제품문제를 얘기할까요?

이재민   조급해하지 마세요.
❸먼저 좀 쉬시고 나서, 저녁식사를 하러 가는 것이 어떠신지요?

리우하오   제가 너무 급했습니다. 좋아요, 당신의 계획에 따르겠습니다.

 메모를 하면서 중국어 문장을 만들어 보세요.

중국인이 좋아하고 싫어하는 숫자

설에 중국인은 거꾸로 된 '福 fú'(복)자를 문에 붙인다. 이것은 한해 동안 복이 집안으로 들어오게 하는 의미이다. 그리고 설에 중국인을 만나면 "恭喜发财。 Gōngxǐ fācái."(부자가 되세요.)라고 서로 인사를 하는데, 이는 바로 숫자의 발음과 의미를 부여하는 풍습이 맞물린다는 점이다.

이렇게 나라마다 숫자에 관한 습관 혹은 기호가 있는데, 중국인들은 어떤 숫자를 좋아하고 어떤 숫자를 기피하는지 알아보자.

① 중국인이 선호하는 숫자 六, 八, 九

- 六 liù : 6은 '순조롭다'라고 해석을 한다.
  중국에서는 六六大顺 liùliù dàshùn이라 하는데 '만사형통'의 의미를 갖는다.

- 八 bā : 8의 한자 발음이 '부자가 되다'라는 뜻을 가진 发财 fācái의 发 fā와 유사하므로 숫자 8은 중국에서 '부자가 되다'라는 의미를 갖는다. 따라서 888888로 되어 있는 차량 번호판 이나 휴대전화 번호를 원하는 사람이 많다. 전부 8인 차량 번호판은 지역에 따라 낙찰가가 수천 만원, 심지어 수억 원까지 한다.

- 九 jiǔ : 9의 한자 발음은 '오래, 길게' 의 뜻을 가진 久 jiǔ와 같으므로 숫자 9는 곧 '오랫동안'을 상징한다. 따라서 98는 '오랫동안 돈을 벌다'라고 해석을 할 수 있어 가계의 간판에 이런 숫자를 많이 선호한다.

2 중국인이 기피하는 숫자 三, 四, 七

- 三 sān : 3의 한자발음은 또 '散 sǎn'(흩어지다, 헤어지다)과 유사하므로 3은 비즈니스에서 '성사하기 힘들다'의 의미로 이 숫자를 기피하는 경우가 있다.
- 四 sì : 4의 한자발음은 '죽을 사'인 死 sǐ와 유사하므로 가장 싫어하는 숫자이다.
- 七 qī : 7의 한자발음은 '气 qì'(화내다)와 유사하므로 비즈니스에서 기피하는 숫자 중의 하나이다.

중국인에게 선물증정을 하거나 결혼 및 큰 행사 등 특별한 날짜를 선정할 때 숫자의 선택은 비즈니스에 상당히 중요한 역할을 하고 있다.

이런 숫자의 특징을 바탕으로 중국 정부에서 베이징 올림픽 개최 날짜를 '2008년 8월 8일 8시 8분'으로 선정을 한 것이다.

05 介绍行程安排
스케줄 소개

두 회사가 협력하고자 하는 분위기가 무르익어가고, 양자 간의 더욱 더 발전적인 관계를 원하는 시점에서는 반드시 상대 회사를 방문하여 회사의 부서 및 공장 등을 참관하는 것이 필요합니다. 이때 협력할 상대 회사에 정확하고 확실하게 회사를 소개함으로써 신임을 이끌어 낼 수 있습니다. 이런 여러 가지 업무 스케줄도 있지만 한국을 방문한 중국 바이어에게 한국의 관광명소와 쇼핑할 수 있는 곳도 함께 스케줄을 짜서 문화적인 교류를 하는 것도 좋습니다.

New Words

— 晚上 wǎnshang 몡 저녁

— 上午 shàngwǔ 몡 오전

— 下午 xiàwǔ 몡 오후

— 各位 gèwèi 대몡 여러분

— 办公室 bàngōngshì 몡 사무실

— 价格 jiàgé 몡 가격

— 协商 xiéshāng 동 협상하다

— 工厂 gōngchǎng 몡 공장

— 参观 cānguān 동 견학하다

— 乐天 Lètiān 몡 롯데 (한국기업 롯데 이름을 음역한 단어)

— 酒店 jiǔdiàn 몡 호텔, 식당

— 晚宴 wǎnyàn 몡 저녁 연회, 만찬

— 明洞 Míngdòng 지명 한국 명동

— 观光 guānguāng 동 관광하다

— 购物 gòuwù 동 물건을 구입하다, 쇼핑하다

— 汉江 Hànjiāng 몡 한강

— 游览 yóulǎn 동 유람하다

— 访问 fǎngwèn 동 방문하다

— 日程 rìchéng 몡 일정

— 安排 ānpái 동 안배하다, 일을 처리하다

— 进行 jìnxíng 동 진행하다

— 随时 suíshí 부 언제나

— 联系 liánxì 동 연락하다

— 生产线 shēngchǎnxiàn 몡 생산라인

— 新产品 xīnchǎnpǐn 신제품

— 情况 qíngkuàng 몡 상황

— 详细 xiángxì 형 상세하다

Dialogue

1

상황 1 김희수 대리가 오성전자를 방문한 바이어에게 한국에 머무르는 동안의 업무 스케줄을 설명하고 있다.

3月5日	上午十点	首尔办公室 价格协商
	下午两点	参观水原工厂
	晚上六点	乐天酒店 欢迎晚宴
3月6日	上午十点	明洞观光，购物
	下午三点	游览汉江

尊敬的各位来宾，大家好!
Zūnjìng de gèwèi láibīn, dàjiā hǎo!

我是五星公司销售部的金喜秀，
Wǒ shì Wǔxīng gōngsī xiāoshòubù de Jīn Xǐxiù,

欢迎各位来我们公司访问。
Huānyíng gèwèi lái wǒmen gōngsī fǎngwèn.

下面❶由我来介绍一下日程安排。
Xiàmiàn yóu wǒ lái jièshào yíxià rìchéng ānpái.

3月5日，上午十点在首尔办公室进行价格协商，
Sān yuè wǔ rì, shàngwǔ shí diǎn zài Shǒu'ěr bàngōngshì jìnxíng jiàgé xiéshāng,

下午去水原工厂参观，
xiàwǔ qù Shuǐyuán gōngchǎng cānguān,

晚上在乐天宾馆和我们金经理共进晚餐。
Wǎnshang zài Lètiān bīnguǎn hé wǒmen Jīn jīnglǐ gòngjìn wǎncān.

3月6日，上午去明洞观光购物，下午去汉江游览。
Sān yuè liù rì, shàngwǔ qù Míngdòng guānguāng gòuwù, xiàwǔ qù Hànjiāng yóulǎn.

有什么问题，请随时与我联系，谢谢。
Yǒu shénme wèntí, qǐng suíshí yǔ wǒ liánxì, xièxie.

2

상황 2 왕밍 사장과 천화 비서는 개발팀의 안내에 따라 오성전자 공장을 견학한다.

开发部　王总，您好。我是开发部的朴文奎，
Wáng zǒng, nín hǎo. Wǒ shì kāifābù de Piáo Wénkuí,

我来介绍一下工厂的生产线。
Wǒ lái jièshào yíxià gōngchǎng de shēngchǎnxiàn.

王明　谢谢。请问您能先介绍一下新产品的情况吗？
Xièxie. Qǐngwèn nín néng xiān jièshào yíxià xīnchǎnpǐn de qíngkuàng ma?

开发部　❷关于新产品的情况，
Guānyú xīnchǎnpǐn de qíngkuàng,

我们会在参观工厂后详细介绍。
wǒmen huì zài cānguān gōngchǎng hòu xiángxì jièshào.

王明　❸原来是这样，好的。
Yuánlái shì zhèyàng, hǎode.

생산라인을 소개해 드릴게요.

Grammar & Pattern

1 下面由我来介绍一下日程安排。
다음은 제가 스케줄을 알려 드리겠습니다.

由는 전치사로 '~가, ~이'의 의미를 갖는다.
즉, 동작의 주체를 도출하게 되며, 주어는 피동이 된다. 이럴 때 뒤의 동사 앞에
'오다'라는 의미가 아닌 来(여기서는 무의미)가 흔히 따라온다. '由……来'
에서 由는 어떤 일의 책임자가 누구인가를 설명한다.

Ex 运费**由**我们来承担。(운송료는 저희가 부담하겠습니다.)
这次订单**由**王总来决定。(이번 주문은 왕 사장님이 결정합니다.)
由我自己做主。(제가 책임지고 결정합니다.)

2 关于新产品的情况。
신제품의 상황에 관하여.

关于는 '~에 관하여'의 의미로 대상을 하나하나 분석하고 그 각각에 대하여 판단
하거나 행위를 가하는 것을 나타낸다. 关于와 혼동하기 쉬운 의미로는 对于(~에
대하여)가 있는데, 이는 대상 전체를 하나로 보고, 그 전체에 대하여 판단하거나
행위를 가하는 것을 나타낸다.

Ex **关于**这家公司，我很了解。(이 회사에 대하여 나는 잘 알고 있다.)
关于这次工作报告，老总说有很多问题。
(이번 업무보고에 관하여 사장님은 문제가 많다고 말씀하셨습니다.)

Tip 关于는 하나하나의 상황이나 목표에 국한되어 있다.

Ex **对于**中国经济，我很感兴趣。(중국 경제에 대하여 나는 많은 흥미를 갖고 있다.)
我**对于**行程安排很满意。(저는 스케줄 안배에 대해 매우 만족합니다.)

Tip 对于는 대상전체에 의미를 두고 있다.

72

3 原来是这样。
그렇구나

原来는 '원래, 당초, 본래'의 의미로 쓰인다. 原来에는 갑작스런 깨달음도 내포하고 있다.

> **Ex** 我原来在销售部，现在去贸易部了。
> (저는 원래 영업팀에 있었는데 지금은 무역팀으로 갔다.)
> **原来**您就是王总。
> (당신이 바로 왕 사장님이셨군요.)

原来와 같은 의미로는 本来도 있는데 本来는 이치에 따라 당연히 그렇게 해야한다는 의미를 뜻한다.

> **Ex** **本来**就不该去。(원래 가지 말았어야 했어.)
> 他**本来**就是公司的总经理。(그는 원래부터 회사의 CEO였다.)

▶ Voca plus+ 🔘 CD-26

1 제조관련

(1) 厂家 chǎngjiā 제조업자
(2) 供应商 gōngyìngshāng 공급업자
(3) 采购商 cǎigòushāng 구매상
(4) 商品 shāngpǐn 상품

2 가격관련

(1) 批发价 pīfājià 도매가
(2) 零售价 língshòujià 소매가
(3) 市场价 shìchǎngjià 시장가
(4) 原价 yuánjià 원가
(5) 打折 dǎzhé 할인

Speaking Practice

1

Hint ❶ 由 ❷ 进行 ❸ 参观

	오전 10시	서울 사무실에서 가격 협상
3월 5일	오후 2시	수원 공장 견학
	저녁 6시	롯데호텔에서 저녁 연회
3월 6일	오전 10시	명동 관광, 쇼핑
	오후 3시	한강 유람

김희수   존경하는 귀빈 여러분, 안녕하십니까?
저는 한국 오성전자 영업부의 김희수입니다.
여러분이 우리회사에 방문한 것을 환영합니다.
다음은 제❶가 스케줄을 알려드리겠습니다.
3월 5일 오전 10시에 서울 사무실에서 가격협상을 ❷진행합니다.
오후에는 수원공장을 ❸견학하고 저녁에는 롯데호텔에서 김 팀장님과 같이
저녁을 먹겠습니다.
3월 6일 오전, 명동에 가서 관광과 쇼핑을 하고, 오후에는 한강을 유람하겠
습니다. 무슨 문제가 있으면 언제든지 제게 연락하세요.

 메모를 하면서 중국어 문장을 만들어 보세요.

_____

_____

_____

_____

2

Hint ❶ 关于 ❷ 后 ❸ 原来

개발팀	왕 사장님, 안녕하세요? 저는 개발팀의 박문규입니다. 제가 공장의 생산라인을 소개해 드리겠습니다.
왕밍	감사합니다. 실례지만 신제품의 상황에 대해 먼저 소개를 해주실 수 있나요?
개발팀	신제품의 상황에 ❶관하여 우리는 공장을 견학한 ❷후 자세하게 소개를 해드릴겁니다.
왕밍	❸그렇군요, 알겠습니다.

메모를 하면서 중국어 문장을 만들어 보세요.

중국인이 좋아하는 한국관광 쇼핑명소

비즈니스를 위해 다른 나라를 방문했을 때 일만 하기보다는 여가 시간을 활용해서 그 나라의 유명지나 쇼핑명소를 둘러보는 것 또한 상대방의 문화를 이해하고 체험하는 유용한 시간이 될 수 있다.

1 중국인이 선호하는 쇼핑명소

한국에서 쇼핑장소로 선호하는 곳이 바로 명동이다. 이유는 모든 포지션의 중국 소비자를 다 만족시킬 수 있기 때문이다. 명품을 원하는 중국 소비자는 롯데백화점의 면세점에서 여권을 소지하면 바로 구매가 가능하다. 대부분의 중국관광객들이 한국에서 명품소비를 한다면 남성은 고가시계, 여성은 가방을 고른다고 한다. 그 외 화장품이나 향수도 주된 소비 품목이 될 수 있다.

면세점에서 충족하지 못한 브랜드나 상품은 롯데 에비뉴엘의 명품 부티끄에서 구매할 수 있고 명동에는 롯데백화점 뿐만 아니라 신세계백화점도 있어 다양한 명품과 국내 고급 브랜드 제품을 동시에 구매할 수 있다.

그리고 명동에는 다양한 독립상가, 화장품 가게, 기념품 가게, 게다가 먹거리까지 갖추어져 있어 즐거운 쇼핑과 문화생활을 동시에 즐길 수 있다. 명동의 롯데백화점은 중국인 전용 매장을 개설하여 중국인이 선호하는 선물, 홍삼, 패션 등을 출시하였고, 중국의 명절에 맞추어 할인판매를 하고 있다.

중국인이 두 번째로 자주 찾는 쇼핑장소는 바로 동대문이다. 동대문의 DOOTA, 밀리오레, APM에는 다양한 스타일의 패션, 액세서리 등이 갖추어 있어 중국과 일본 관광객들이 선호하는 쇼핑명소이다.

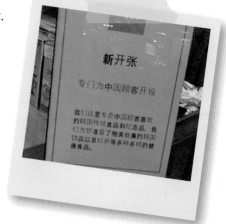

② 중국인이 선호하는 관광명소

대부분 중국 여행객들이 즐겨 찾는 한국 관광명소는 인사동 및 청계천(한국의 전통거리와 선물구매), N서울티워와 63스퀘어(서울의 야경을 볼 수 있음), 민속촌(한국의 전통문화를 접할 수 있음), 파주 DMZ(북한을 바라볼 수 있고 남북한 관계를 이해하는 장소) 등이 있다.

그 외 겨울에는 스키장을 많이 찾게 된다. 중국은 스키장이 없는가? 당연히 아니다. 그렇지만 중국인이 한국의 스키장을 찾는 이유는 다음과 같다.

(1) 중국에는 소수의 스키장을 제외하고는 한국의 스키장보다 시설이 다소 떨어지거나 숙박시설이 부족하다.

(2) 중국의 남부 지역은 겨울에 눈을 거의 볼 수가 없다. 스키를 타기 위해서는 중국의 북부 지역으로 가야 하는데, 가는 교통비용이 한국으로 오는 교통비용과 비슷하나, 전반적인 서비스(호텔시설, 편의성)는 한국이 더 좋다는 평가를 받고 있다.

중국인이 즐겨 찾는 쇼핑 및 관광명소를 이해하고 있으면 어떻게 중국고객의 욕구를 충족할 수 있는지를 파악할 수 있다.

06 办公室电话
사무실 전화

외국 바이어와 업무상 연락할 때 전화를 건 상대방 중에는 내가 이미 알고 있는 사람도 있고, 모르는 사람도 있죠. 따라서 전화를 받을 때에는 내가 이 회사를 대표하는 이미지라는 생각으로 응대하고, 전화는 3번이상 울리기 전에 받는 것이 직장의 전화예절입니다. 전화를 받은 후, 회사명, 부서명, 이름은 반드시 밝혀야 하는 것은 기본이며, 친절한 느낌을 주는 것이 좋습니다. 기본적인 비즈니스 전화 표현과 예절에 대해 알아볼까요?

New Words

— 喂 wèi 갑 여보세요

— 找 zhǎo 통 찾다

— 位 wèi 양 분, 명

— 在 zài 통 존재하다

— 需要 xūyào 통 필요하다

— 帮 bāng 통 돕다

— 转达 zhuǎndá 통 전달하다

— 确认 quèrèn 통 확인하다

— 装箱单 zhuāngxiāngdān 명 포장명세서

— 这样 zhèyàng 대 이렇다, 이래서

— 回 huí 통 회답하다, 대답하다

— 出货 chūhuò 통 출하하다, 출고하다

— 量 liàng 명 수량, 양

— 大 dà 형 많다, 크다

— 多 duō 형 많다, 훨씬

— 费心 fèixīn 통 신경 쓰다

— 拜访 bàifǎng 통 찾아 뵙다

— 下次 xiàcì 명 다음 번

Dialogue

CD-28

1

상황 1　화리전자 천화 비서가 전화로 오성전자 이 과장을 찾고 있다.

销售部　喂*，您好，这里是五星公司销售部。
Wéi, nín hǎo, zhèlǐ shì Wǔxīng gōngsī xiāoshòubù.

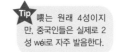
Tip 喂는 원래 4성이지만, 중국인들은 실제로 2성 wéi로 자주 발음한다.

　　　　请问您找❶哪位？
Qǐngwèn nín zhǎo nǎ wèi?

陈华　您好，请问李科长在吗？
Nín hǎo, qǐngwèn Lǐ kēzhǎng zài ma?

销售部　他现在不在，需要我帮您❷转达什么吗？
Tā xiànzài bú zài, xūyào wǒ bāng nín zhuǎndá shénme ma?

陈华　我是华丽电子的陈华，
Wǒ shì Huálìdiànzǐ de Chén Huá,

　　　　我想确认❸一下，装箱单❹有没有问题？
Wǒ xiǎng quèrèn yíxià, zhuāngxiāngdān yǒu méi yǒu wèntí?

销售部　这样吧，李科长回来后，让他给您回电话，好吗？
Zhèyàng ba, Lǐ kēzhǎng huílái hòu, ràng tā gěi nín huí diànhuà, hǎo ma?

陈华　好的，非常感谢。
Hǎode, fēicháng gǎnxiè.

2

상황 2   이재민 과장은 전화가 왔었다는 메모를 보고는 중국 화리전자 천화 비서에게 전화를 건다.

李在民   陈小姐，您好！
Chén xiǎojiě, nín hǎo!

我是五星电子的李在民。
Wǒ shì Wǔxīngdiànzǐ de Lǐ Zàimín.

陈华   您好，李科长，好久不见。
Nín hǎo, Lǐ kēzhǎng, hǎojiǔ bújiàn.

李在民   我确认了装箱单，没有问题。
Wǒ quèrèn le zhuāngxiāngdān, méiyǒu wèntí.

陈华   那就好，这次出货量很大，请您❺多费心。
Nà jiù hǎo, zhècì chūhuò liàng hěn dà, qǐng nín duō fèixīn.

有时间我去贵公司❻拜访您。
Yǒu shíjiān wǒ qù guì gōngsī bàifǎng nín.

李在民   你太客气了，我们下次见。
Nǐ tài kèqi le, wǒmen xiàcì jiàn.

陈华   下次见。
Xiàcì jiàn.

Grammar & Pattern

1 请问您找哪位?
어느 분을 찾습니까?

哪는 의문대사로 '어느'의 의미를 나타낸다.

중국어에서 사람을 세는 양사는 '个, 位, 名'이다. "어느 사람?"은 "哪个人？"이라 표현할 수 있고, 문장형태는 '의문대명사+양사+명사'로 구성되어 있다.

位는 '분'의 의미로, 个와 같이 사람을 세는 양사이지만 位는 존칭의 뜻을 내포한다. 따라서 상대방이나 다른 사람을 존칭할 경우에는 哪位라 쓴다.

> **Ex** **您是哪位?** (전화상에서) 당신은 누구십니까?
> **金总是哪位?** (김 사장님은 어느 분이신가요?)
> **哪位是王总?** (어느 분이 왕 사장님이신가요?)

2 需要我帮您转达什么吗?
제가 무엇을 전달해 드릴까요?

转达는 '(말이나 사물을) 전달하다'라는 의미이다.

> **Ex** **把信转达给李总。** (편지를 이 사장님에게 전달하다.)
> **请转达我的问候。** (안부를 좀 전해 주세요.)

중국어를 표현할 때 转达(전달하다)와 같은 의미로 传达가 있다. 의미는 같지만 상황에 따라 표현이 다르다.

转达는 '한쪽의 말을 상대편에게 전달하다'라는 의미이며, 주로 서면어에 쓰인다. 传达는 주로 위에서 아래로 명령을 '전하다'라는 의미로 쓰인다.

> **Ex** **传达金总的会议内容。** (김 사장님의 회의내용을 전달합니다.)
> **传达给其他部门。** (기타 부서에 전달한다.)

3 我想确认一下。

확인 좀 해 보고 싶습니다.

一下는 동사 뒤에 쓰여 '좀 ~하다, 시험삼아 해 보다'의 의미가 있다.

Ex 我先尝一下。(제가 먼저 맛 좀 볼게요.)

你确认一下传真收到没有。(팩스를 받았는지 한번 확인해 보세요.)

4 装箱单有没有问题?

포장명세서는 문제가 있나요?

여기의 有没有는 有(있다)와 그의 부정인 没有(없다)가 결합한 상태로 정반의문문으로 사용된다.
정반의문문은 술어의 긍정과 부정을 병렬하여 의문을 나타낼 수 있으며, 문장 끝에 의문조사 吗는 쓰지 않는다.

Ex 你有没有机票? (= 你有机票吗?)(항공권이 있나요?)

会议室有没有人? (회의실에 사람이 있나요?)

5 请您多费心。
신경을 많이 써주십시오.

多는 일반적으로 수량이 많음을 나타내며, '많이'의 의미로 쓰인다.

Ex 天很冷，多穿衣服。(날씨가 추우니 옷을 많이 입으세요.)
　　妈妈身体不好，多照顾她。(엄마가 건강이 안 좋으니 많이 돌봐주세요.)

이 외 多는 '얼마나'라는 의문형으로도 쓰인다. 이때 문장형태는 '多+단음절형용사'이다.

Ex 这座山多高? (이 산은 얼마나 높은가요?)
　　房子有多大? (집은 얼마나 큰가요?)

6 有时间我去贵公司拜访您。
시간이 나면 제가 귀사에 방문하겠습니다.

拜访과 访问은 둘 다 '방문'의 의미이지만, 拜访은 경어로 쓰여, 상대방에게 존중의 태도를 보이며 방문한다는 것을 나타낸다.

Ex 昨天我拜访了两位客户。(어제 제가 고객 두 분을 방문하였습니다.)
　　下次我亲自拜访。(다음에는 제가 직접 방문 하겠습니다.)

访问은 상대방이 어떤 장소를 참관하거나 견학한다는 것을 강조한다.
따라서 존중의 의미는 내포되어 있지 않다.

Ex 五天的访问结束了。(5일 동안의 방문을 마쳤다.)
　　我们去访问水原工厂。(우리는 수원공장에 방문하러 간다.)

Voca plus+

 CD-30

1 전화 관련

(1) 国际电话 guójì diànhuà 국제전화
(2) 长途电话 chángtú diànhuà 시외전화
(3) 总机 zǒngjī 대표전화
(4) 分机 fēnjī 내선전화
(5) 占线 zhànxiàn 통화 중
(6) 打错了 dǎcuò le 잘못 걸다
(7) 挂了 guà le 끊다
(8) 电话打不通 diànhuà dǎ bù tōng 전화가 안되다
(9) 漫游 mànyóu 로밍하다
(10) 智能手机 zhìnéngshǒujī 스마트폰

2 메모 관련

(1) 发送订单 fāsòng dìngdān 주문서를 보내다
(2) 回邮件 huí yóujiàn 이메일을 회신하다
(3) 回短信 huí duǎnxìn 문자 답장을 보내다
(4) 留言 liúyán 메시지를 남기다

3 서류 관련

(1) 装箱单 zhuāngxiāngdān 포장명세서
(2) 商业发票 shāngyè fāpiào 상업송장
(3) 保险单据 bǎoxiǎn dānjù 보험증서
(4) 船单 chuándān 선하증권, B/L

Speaking Practice

1

Hint ❶ 找 ❷ 在 ❸ 转达 ❹ 一下

영업부	여보세요? 안녕하세요, 여기는 오성전자 영업부입니다. 어느 분을 ❶찾으시나요?
천화	안녕하세요. 이 과장님 ❷계시나요?
영업부	지금 안 계십니다. 제가 무엇을 ❸전달해 드릴까요?
천화	저는 화리전자의 천화입니다. 포장명세서에 문제가 있는지 없는지 ❹한번 확인해 보고 싶습니다.
영업부	이렇게 할게요. 이 과장님에게 다시 전화를 드리라고 하겠습니다. 괜찮습니까?
천화	괜찮습니다. 감사합니다.

메모를 하면서 중국어 문장을 만들어 보세요.

2

Hint

❶ 装箱单 ❷ 大 ❸ 拜访

이재민   미스 천, 안녕하세요. 저는 오성전자의 이재민입니다.

천화   안녕하세요. 이 과장님, 오랜만입니다.

이재민   ❶포장명세서를 확인해 봤는데 문제가 없습니다.

천화   다행입니다. 이번 출고량이 매우 ❷많습니다.
       신경을 많이 써주십시오. 시간이 나면 제가 귀사에
       ❸찾아 뵙겠습니다.

이재민   천만에요. 다음에 뵙겠습니다.

천화   다음에 뵙겠습니다.

메모를 하면서 중국어 문장을 만들어 보세요.

비즈니스 전화 예절

전화로 업무 처리를 많이 하는 직장인에게는 꼭 지켜야 할 전화예절이 있다.
원활하고 상대방을 기분 좋게 하는 전화예절을 알아보자.

비즈니스의 차원에서 처음으로 중국 바이어나 잠재 고객에게 전화를 할 때 '중국인은 비즈니스 전화 예절이 없다'라고 오해할 수 있다. 그 나라의 문화를 알면 전화예절이 쉬워진다.

한국: 您好，我是韩国五星电子营业部的李部长，请问购买部的负责人是哪位?
Nín hǎo, wǒ shì Hánguó Wǔxīngdiànzǐ yíngyèbù de Lǐ bùzhǎng, qǐngwèn gòumǎibù de
fùzérén shì nǎ wèi?
(안녕하세요, 저는 한국 오성전화 영업부의 이 부장입니다, 실례지만 구매팀 담당자는 어느 분인지 알수 있을까요?)

중국: 不好意思，请您直接拨分机号码，再见。
Bù hǎoyìsi, qǐng nín zhíjiē bō fēnjī hàomǎ, zàijiàn.
(죄송하지만 직접 내선번호로 연결하세요. 안녕히 계세요.)

이런 식으로 직접 구매팀에게 전화를 하면 담당자가 누구인지를 알아내기 힘들뿐만 아니라 상대방의 불친절로 인하여 상처를 받을 수 있다.
위의 사례 이외에도 비슷한 상황에서 유사한 불친절을 겪을 수 있다.

이럴 때 중국 속담 "知己知彼，百战不殆 zhījǐ zhībǐ, bǎizhàn búdài"(지피지기면 백전불패)
처럼 중국의 문화를 이해하면 쉽게 풀릴 수 있다.

중국인은 모르는 사람을 쉽게 신뢰하지 않는 경향이 있다. 따라서 낯선 전화를 받을 때 무
례하게 응대할 수도 있다.

그러므로 중국인과 우선 친분을 쌓아가야 다음 단계의 추진이 가능하다. 친분을 쌓아가기
위해 '비즈니스 상의 파트너나 친구'가 되어야 한다.

이러하기 위해서는 아래의 3가지 사항을 준수하는 것이 좋다.

(1) 첫 전화에서 실패하더라도 계속 전화를 하여 상대방의 이해도를 높인다.

(2) 직접방문을 통하여 신뢰도를 쌓는다.

(3) 서로에게 이익이 될만한 아이템이나 추진 가능한 프로젝트를 갖고 접근한다. 이렇게 朋
    友(친구)가 되면 다음과 같이 자연스러운 대화가 이루어진다.

한국: 您好，王总，我是韩国五星公司的小李，您过得好吗?
　　　 Nín hǎo, Wáng zǒng, wǒ shì Hánguó Wǔxīng gōngsī de Xiǎo Lǐ, nín guò de hǎo ma?
　　　 (안녕하세요, 왕 사장님, 저는 한국 오성회사의 샤오리입니다. 잘 지내십니까?)

중국: 托你的福，我过得很好，你呢?
　　　 Tuō nǐ de fú, wǒ guò de hěn hǎo, nǐ ne?
　　　 (당신 덕분에 잘 지내고 있습니다. 당신은요?)

이런 방식으로 자연스럽게 얘기가 서로
오가면서 关系(꽌시)를 유지한다.
중국의 전화문화를 이해하고 비즈니스에
접근을 한다면 거래 상대방에게 좋은
첫인상을 줄 수 있을 뿐만 아니라 앞으로
비즈니스 활동에 긍정적인 영향을
준다.

07

贸易实务(1) 报盘与还盘
무역실무(1) 오퍼와 카운터 오퍼

국제무역거래가 다국간 무역이다 보니 언어의 장벽을 넘기고 언어로 발생하는 미스커뮤니케션을 줄이기 위해 영어로 서류 작성하고 소통하는 것이 일반적이다. 하지만 중국과의 비즈니스가 늘어나는 국제무역에서 동등한 조건 하에 중국어에 능숙한 무역 파트너에게 더 친근감이 느껴지고, 이에 따라 기회가 많아지고, 성사하는 확률이 높아지겠죠. 품질 좋은 제품, 합리적인 가격, 풍부한 무역지식은 물론이고, 무역파트너의 모국어로 상대방과 원활한 의사소통도 성공적인 비즈니스를 이끌어나갈 수 있는 방법이랍니다.

New Words

— 报盘 bàopán 동 가격을 제시하다,
　　오퍼를 내다
— 山地自行车 shāndì zìxíngchē 산악자전거
— 贸易 màoyì 명 무역
— 根据 gēnjù 전 ~에 의거하여
— 贵方 guìfāng 명 귀측
— 如下 rúxià 동 다음과 같다
— 辆 liàng 양 대, 량(차량을 세는 단위)
— 以上 yǐshàng 명 이상, 상기
— 价格 jiàgé 명 가격
— 青岛 Qīngdǎo 지명 칭다오
— 支付条件 zhīfù tiáojiàn 결제조건, 지급조건
— 即期信用证 jíqī xìnyòngzhèng at sight L/C
— 美元 Měiyuán 명 미국달러
— 装船期 zhuāngchuánqī 선적시기
— 有效期 yǒuxiàoqī 유효기간

— 信用证 xìnyòngzhèng 신용장
— 内 nèi 명 안쪽, 내부
— 或 huò 접 혹은, 또는
— 接受 jiēshòu 동 받아들이다
— 早日 zǎorì 부 일찍이, 신속하게
— 收到 shōudào 동 받다, 수령하다
— 还盘 huánpán 명 반대신청, 카운터 오퍼
— 来函收悉 láihán shōuxī 서신을 잘 받아 보다
— 高 gāo 형 높다
— 认为 rènwéi 동 여기다, 생각하다
— 任何 rènhé 대명 어떠한, 무슨
— 竞争力 jìngzhēnglì 명 경쟁력
— 除非 chúfēi 접 오직 ~하여야
— 减价 jiǎnjià 동 가격을 인하하다
— 否则 fǒuzé 접 만약 그렇지 않으면
— 无法 wúfǎ 동 방법이 없다, 방도가 없다,
　　할 수 없다

Dialogue

CD-32

1

상황 1 　화리전자에서 오성전자로 보내는 확정 오퍼

❶报盘
bàopán

五星电子贸易公司 :

Wǔxīngdiànzǐ màoyì gōngsī:

根据贵方要求，我们现报价如下 :

Gēnjù guìfāng yāoqiú, wǒmen xiàn bàojià rúxià:

轮胎❷英寸 lúntāi yīngcùn	20英寸 èrshí yīngcùn		26英寸 èrshíliù yīngcùn	
性别 xìngbié	男士用 nánshì yòng	女士用 nǚshì yòng	男士用 nánshì yòng	女士用 nǚshì yòng
价格 jiàgé	$25/辆 $25/liàng	$27/辆 $27/liàng	$27/辆 $27/liàng	$28/辆 $28/liàng

以上价格为CIF青岛价格。

Yǐshàng jiàgé wéi CIF Qīngdǎo jiàgé.

支付条件 : ❸即期信用证，美元支付。

Zhīfù tiáojiàn: Jíqī xìnyòngzhèng, Měiyuán zhīfù.

装船期 : 信用证到达后10天内或3月29日前

Zhuāngchuánqī : xìnyòngzhèng dàodáhòu shí tiān nèi huò sān yuè èrshíjiǔ rì qián

有效期 : 到2014年3月6日

Yǒuxiàoqī : dào èrlíngyīsì nián sān yuè liù rì

望贵方能接受以上 报盘，盼早日收到贵公司的订单。

Wàng guìfāng néng jiēshòu yǐshàng bàopán, pàn zǎorì shōudào guì gōngsī de dìngdān.

华丽电子有限公司

2014年2月22日

상황 2 화리전자에서 오성전자로 보내는 오퍼

❹还盘
huánpàn

五星电子贸易公司:
Wǔxīngdiànzǐ màoyì gōngsī:

来函收悉。
Láihán shōuxī.

我们虽然非常满意贵公司自行车的质量,
Wǒmen suīrán fēicháng mǎnyì guì gōngsī zìxíngchē de zhìliàng,

但是价格太高。
dànshì jiàgé tài gāo.

我们❺认为贵公司的报价无任何竞争力,
Wǒmen rènwéi guì gōngsī de bàojià wú rènhé jìngzhēnglì,

除非贵公司减价10%, ❻否则我们无法接受报盘。
Chúfēi guì gōngsī jiǎnjià 10%, fǒuzé wǒmen wúfǎ jiēshòu bàopán.

望尽快再次报价。
Wàng jǐnkuài zàicì bàojià.

华丽电子有限公司
2014年3月3日

> **Tip** 오퍼의 목적과 용도가 명확하기 때문에 짧은 문장으로 get to point하는 것이 바람직하다.

Grammar & Pattern

1 报盘（实盘）
오퍼(offer)를 내다, 견적서를 내다

오퍼(offer)는 매도인이 매수인에 대하여 어느 품질(Quality)의 상품(Goods)을 어떤 수량(Quantity), 가격(Price), 선적시기(Time of shipment), 지급 조건 (Terms of payment)으로 판매하겠다는 의사표시이다.

实盘(확정오퍼; Firm offer)은 유효기간이 확정되어 있으며, 그 기간 내에 승낙할 것을 조건으로 하는 오퍼이다. 본 오퍼는 기간이 확정되어 있으므로 기한부 오퍼라고도 한다.

2 20英寸男士用
20인치 신사용

英寸은 양사 '인치'로 쓰인다. 양사를 사용하는 기본 구조는 '수사+양사+명사'이다.

Ex 20英寸显示器 (20인치 모니터)
我穿30英寸的裤子。(나는 30인치 바지를 입는다.)

위 문장구조에서 더 나아가 '수사1+양사1+수사2+양사2+명사'의 구조로도 많이 쓰인다.

Ex 我昨天买了一台42英寸的电视。(나는 어제 42인치 TV 한 대를 샀다.)
公司订了五台14英寸的笔记本。(회사에서 14인치 노트북 5대를 주문했다.)

3 即期信用证
일람 지급신용장(sight L/C)

即期信用证은 신용장(Letter of Credit)을 지급기한으로 분류했을 때, 수익자가
어음대금을 신청하면 바로 지급하는 신용장을 말한다.
일정 기간이 지난 뒤에 지급하는 기한부 신용장(Usance L/C)에 상반되는 개념
으로, 만기일의 표시가 없는 대신 Pay at sight(일람 후 지급한다) 등의 문구가
기재되어 있다.
따라서 어음의 만기일은 수익자가 대금 지급을 신청한 날이 된다.

4 还盘
카운터 오퍼(Counter offer), 반대 오퍼

반대오퍼(Counter offer)는 매도인의 Firm offer에 대하여 매수인이 그 제시가
격에 불만이 있다든가 수량, 선적시기 등 기타 조건에 이의가 있을 때에는 매수
인은 반대로 이에 대하여 다른 요구를 제시할 수 있다.

5 我们认为贵公司的报价无任何竞争力。
우리가 생각하기에는 귀사의 오퍼는 경쟁력이 없다.

认为는 '생각하다, 여기다'의 의미로 쓰인다. 认为는 객관적으로 사람이나 사물을 바라본다는 차원에서 얘기를 하고 전문적이고 확실한 견해를 나타낼 때 사용한다.

> **Ex** 经济学家们认为明年的出口要减少。
> (경제학자들은 내년에 수출이 감소할 것이라 보고 있다.)
> 王总认为这次报价太高。(왕 사장님은 이번 오퍼 가격이 너무 높다고 생각한다.)

认为와 유사한 표현으로는 以为(여기다)가 있다.
以为는 주관적인 판단, 혹은 결론을 추론할 때와 사실과 다를 때 많이 사용한다.

> **Ex** 我以为王总是韩国人，原来您是中国人。
> (저는 왕 사장님이 한국인인줄 알았는데 알고 보니 중국인이셨군요.)
> 不好意思，我以为是美国产的。(죄송합니다, 저는 미국산인줄 알았어요.)

6 除非贵公司减价10%，否则我们无法接受报盘。
귀사에서 10% 할인해 주시기를 바랍니다, 그렇지 않으면 오퍼를 받아들일 수 없습니다.

여기에서 否则는 접속사로 '(만약) 그렇지 않으면 ~'의 의미를 가지며, 복합문에서 뒷 문장의 맨 앞에 나와서, 사람이나 사물, 상황에 대한 유일한 조건을 제시하고, 조건에 따르지 않는다면 그렇게 할 수 없다는 표현으로 쓰인다.

> **Ex** 除非你们先同意本公司的条件，否则我们不会签合同。
> (우선 본사의 조건에 동의하면 되겠지만, 그렇지 않으면 우리는 계약서에 사인을 하지 않겠습니다.)
> 现在必须马上出发，否则就赶不上飞机了。
> 반드시 지금 바로 출발해야지, 그렇지 않으면 비행기 시간을 놓칠 수 있다.

Tip 除非……否则의 구조는 중국 비즈니스 표현에서 강력한 의사 전달 시 쓰입니다.

Voca plus+

1 결제&지불용어

(1) 固定汇率 gùdìng huìlǜ 고정환율

(2) 浮动汇率 fúdòng huìlǜ 변동환율

(3) 支付方式 zhīfù fāngshì 지불방식

(4) 佣金 yòngjīn 커미션

(5) 汇票 huìpiào 환어음

(6) 倾销 qīngxiāo 덤핑

(7) 帐户 zhànghù 은행 계좌

(8) 开证 kāizhèng L/C 오픈

(9) 行情 hángqíng 시세

(10) 远期信用证 yuǎnqī xìnyòngzhèng 기한부 신용장

2 무역 운송수단

(1) 空运 kōngyùn 항공운송

(2) 海运 hǎiyùn 해상운송

(3) 陆运 lùyùn 육로운송

(4) 联运 liányùn 복합운송

3 일반 무역 용어

(1) 进口 jìnkǒu 수입

(2) 出口 chūkǒu 수출

(3) 专利 zhuānlì 특허

(4) 促销 cùxiāo 판촉

(5) 优惠 yōuhuì 특혜

(6) 条形码 tiáoxíngmǎ 바코드

(7) 考虑 kǎolǜ 고려하다

Speaking Practice

1

Hint ❶ 根据 ❷ 英寸 ❸ 内 ❹ 早日

〈확정 오퍼〉

오성전자 유한회사: 귀사의 요구❶에 의거하여 우리의 견적은 다음과 같다.

바퀴 인치	20❷인치		26인치	
성별	남성용	여성용	남성용	여성용
가격	$25/대	$27/대	$27/대	$28/대

이상의 가격은 CIF 칭다오 가격임.

지급조건 : sight L/C, US Dollar로

지급 선적시기 : 신용장 도착 후 10일 ❸이내, 혹은 3월 29일 이전

유효기간 : 2014년 3월 6일까지

귀사가 이상의 오퍼를 받아들이기 바랍니다.

귀사의 주문서를 ❹빨리 받았으면 좋겠습니다.

화리전자 무역회사

2014년 2월 22일

 메모를 하면서 중국어 문장을 만들어 보세요.

2

Hint ❶ 来函收悉 ❷ 认为 ❸ 竞争力 ❹ 减价

〈카운터 오퍼〉

오성전자 무역회사 : ❶서신 잘 받았습니다. 비록 귀사 자전거의 품질에 대해 만족하지만 가격이 너무 높습니다. 저희가 ❷생각하기에는 귀사의 오퍼는 ❸경쟁력이 없습니다. 10% 가격❹인하를 해주시지 않는다면, 오퍼를 받아들일 수 없습니다. 최대한 빨리 다시 견적을 내주시기 바랍니다.

화리전자 유한회사

2014년 3월 3일

메모를 하면서 중국어 문장을 만들어 보세요.

중국 지역별 상인의 특징

중국의 상인하면 고대의 실크로드부터 시작하여 현재의 경제발전, 이 모든 성과가 중국의 상인과 관계가 있다. 그리고 중국은 하나로 볼 것이 아니라 지역별, 민족별로 바라 보아야 한다. 이유는 각자 자기만의 비즈니스 특성과 문화를 소유하고 있기 때문이다.

여기에서는 대표적인 원저우, 베이징, 상하이, 광저우 지역의 상인 특징만 소개하겠다.

1 원저우 상인의 특징

(1) 직업에는 귀천이 없고 돈을 얼마나 버느냐를 중요시하며, 신발공장이나 단추공장 등 소규모로 생산과 도소매로 시작하여 부자가 되는 경우가 많음.

(2) 남의 시선을 크게 의식하지도 않고, 상대방과의 마찰도 겁내지도 않으며 오로지 돈을 버는 데에만 관심이 있음.

중국 상인 서열 1위는 당연 '저장 성'에 있는 대표적인 도시인 항저우, 닝보, 원저우인데 그 중 '중국의 유태인'이라고 불리는 원저우 상인이 가장 뛰어난 비즈니스 정신을 갖고 있다.

원저우 상인은 개혁개방의 흐름을 타고 중국 전역 및 세계 각지에 뿌리를 내렸으며, '시장이 있는 곳이면 어디나 원저우 상인이 있다'는 말이 널리 잘 알려져 있다.

원저우 상인은 중국뿐만 아니라 미국, 일본, 프랑스, 이태리, 스페인, 일본 등의 지역에 다방면으로 투자를 하고 있으며, 7백만 명의 원저우 사람 중에서 2백만 명이 중국 및 해외에서 비즈니스 활동을 하고 있다.

2 베이징 상인의 특징

(1) 정치얘기를 즐겨 하고 대부분 관료층과 관계를 가지고 있으며, 빠른 정보망을 확보할 수 있어 나라의 미래발전이나 개혁정책에 따라 사업을 크게 확장하면 대성공을 이룰 수 있다고 생각한다.

(2) 우정이나 인간관계를 매우 중시하고, 사회 전체의 화목을 위해서 노력하는 특징을 가지고 있으며, 비즈니스에서도 작은 이익에 연연해 하지 않는다.

　또한 지속 가능한 합작을 위해서 가끔씩은 자기가 손해를 보는 일도 마다 하지 않는다.

베이징은 중국의 수도로서 정치의 중심지이고 중국의 국유기업(국가소유제기업)의 본사들이 밀집되어 있어 베이징 상인은 대표적으로 관료적이고 '꽌시(인맥)'를 비즈니스의 제일 중요한 자산이라 생각한다.

3 상하이 상인의 특징

(1) 서구의 문물을 가장 빨리 받아들여서 상업적인 감각이 뛰어나고 체면보다는 이익을 중시한다.
(2) 금융, 레스토랑 등 서비스 산업이 발전되어 있고, 외국 문화를 잘 받아들여 글로벌화한 마인드를 가지고 있다.
상하이 상인의 형성은 그 역사에 기인을 할 수 있다.
19세기 이후부터 열강에 의한 대외개방이 되면서 상하이 상인들의 활발한 대외 무역을 가능하게 만든 원동력이 되었다.
그 후로 저장성의 닝보, 항저우, 안훼이 성의 상인들이 상하이로 이주하면서 오늘날의 상하이 상인들의 특징이 형성되었다.

4 광저우 상인의 특징

광저우에는 밤 늦게까지 포장마차, 오토바이 택시 등 경제활동을 하는 상인들이 많다. 광저우 상인의 의식 속에는 "시간은 지나면 다시 돌아오지 않는다는 생각으로 한번 주어진 기회는 절대로 놓치면 안 된다"라는 마인드를 가지고 있다. 이곳 상인의 특징은:
(1) 정치적 관념이 강한 베이징 상인과 정반대로 정치 얘기를 꺼려하고 이윤을 추구할 수 있는 것에만 집중 노력한다.
(2) 새로운 것을 시도하는 것이 경쟁상대가 없어 독점적으로 이윤을 창출할 수 있다고 생각하기에 새로운 아이템이나 생산, 판매방식으로 장사하기를 좋아한다.
위에서 살펴본 각 지역의 상인 특징처럼 중국의 어느 지역과 비즈니스 활동을 하는 지에 따라 접근방법이 달라야 빠른 시간 내에 상대방과 타협하고 원하는 방향을 추구할 수 있다.

08

贸易实务（1）
国际贸易买卖合同
무역실무(2) 국제무역 매매계약서

인사는 비단 비즈니스뿐만 아니라 모든 인간관계의 시작을 의미하는 것으로 상대방에 대한 기본적인 예의
라고 할 수 있는데요. 인사에 대한 비즈니스 예절은 내가 먼저 인사한다는 마인드를 가지고 밝은 표정으로
상대방의 눈을 바라보면서 명랑한 목소리로 인사하도록 합니다. 이유는 상대방에게 어떤 자세로 다가가는
지에 따라 인상이 달라지기 때문이에요. 그럼 중국어로 인사할 때 어떤 관용표현을 쓰는지, 지금부터 배워
볼까요?

New Words

— 国际 guójì 몡 국제

— 买卖 mǎimai 몡 매매

— 合同 hétong 몡 계약서

— 最 zuì 뷔 가장, 제일

— 基本 jīběn 혱 기본적인

— 条款 tiáokuǎn 몡 조항

— 订单 dìngdān 몡 상품 주문서,
　　　　　　　　　주문 명세서

— 订购单 dìnggòudān 구매발주서

— 应该 yīnggāi 됭 반드시

— 包含 bāohán 됭 포함하다

— 上述 shàngshù 혱 앞에서 말한

— 卖方 màifāng 몡 매도인

— 买方 mǎifāng 몡 매수인

— 签订 qiāndìng 됭 체결하다

— 地址 dìzhǐ 몡 주소

— 双方 shuāngfāng 몡 양측

— 同意 tóngyì 됭 동의하다

— 按 àn 젼 ～에 준하여

— 下列 xiàliè 혱 아래에 열거한

— 出售 chūshòu 됭 판매하다

— 品名 pǐnmíng 몡 품명

— 规格 guīgé 몡 규격

— 数量 shùliàng 몡 수량

— 总价 zǒngjià 몡 총 가격

— 质量条款 zhìliàng tiáokuǎn 품질조건

— 样品 yàngpǐn 몡 샘플

— 包装条件 bāozhuāng tiáojiàn 포장조건

— 干冰 gānbīng 몡 드라이아이스

— 装运条件 zhuāngyùn tiáojiàn 선적조건

— 允许 yǔnxǔ 됭 허락하다

— 分运 fēnyùn 분할선적

— 转运 zhuǎnyùn 환적

— 装运单据 zhuāngyùn dānjù 선적서류

— 商业发票 shāngyèfāpiào 상업송장

— 原产地证明 yuánchǎndì zhèngmíng 원산지 증명서

— 海运提单 hǎiyùn tídān 선하증권

— 装运口岸 zhuāngyùn kǒu'àn 선적항

— 目的口岸 mùdì kǒu'àn 하역항

— 备注 bèizhù 몡 비고

— 不可抗力 bùkěkànglì 불가항력

— 索赔 suǒpéi 됭 클레임을 요구하다

— 参照 cānzhào 됭 참조하다

— 标准 biāozhǔn 몡 표준

Dialogue

1

상황 1   매매계약서의 5대 기본조항

①国际贸易买卖合同中，最基本的五大条款是数量条款、
Guójì màoyì mǎimai hétong zhōng, zuì jīběn de wǔ dà tiáokuǎn shì shùliàng tiáokuǎn、

价格条款、装运条款、付款条件及质量条款。
Jiàgé tiáokuǎn、zhuāngyùn tiáokuǎn、fùkuǎn tiáojiàn jí zhìliàng tiáokuǎn.

一般情况下，在国际贸易中，
Yìbān qíngkuàngxià, zài guójì màoyì zhōng,

②最常见的贸易买卖合同是订单形式，即**③**订购单。
Zuì chángjiàn de màoyì mǎimai hétong shì dìngdān xíngshì, jí dìnggòudān.

订单上，应该包含上述五大条款。
Dìngdān shàng, yīnggāi bāohán shàngshù wǔ dà tiáokuǎn.

2

상황 2 매매계약서

买卖合同

卖方：五星电子贸易公司(韩国) 买方：华丽电子有限公司(中国)

签订日期：2014年4月18日

地址：韩国首尔特别市江南区三成洞35号

地址：中国山东省青岛市市南区香港中路248号

电话：+82-(0)2-567-1234   电话：+86-(0)532-8589-4567

传真：+82-(0)2-567-1212   传真：+86-(0)532-8589-4566

买卖双方同意按下列条款由卖方出售，买方购进下列产品：

    1. 品名及规格：DMC-AEC367

    2. 数量：72000 PCS

    3. 价格：$55.75U/P CIF 青岛

    4. 总价：$4,014,000

    5. 质量条件：❹凭样品交易

    6. 包装条件：干冰

    7. 装运条件：2014年5月21日前，允许分运❺及转运。

    8. 装运单据：商业发票，装箱单，原产地证明，
                 海运提单，保险单据

    9. 装运口岸：韩国仁川

    10. 目的口岸：中国青岛

    11. 付款条件：即期信用证

    12. 备注：不可抗力，索赔等其他条款均参照国际标
           准买卖合同。

卖方签名：五星电子贸易公司

买方签名：华丽电子有限公司

Grammar & Pattern

1 国际贸易买卖合同
국제무역 매매계약서

국제 간에 성립되는 무역은 주로 물품 매매계약(Contract Of Sale Of Goods)
이 중심이기 때문에 무역계약에 관한 개념은 계약에 관한 본질적인 개념과 국제
간에 이루어지는 물품매매를 중심으로 설명된다.

따라서 국제 무역계약은 국제 간에 이루어지는 매매계약으로서 매도인(Seller)이
물품의 소유권(Property In Goods)을 양도하고 매수인(Buyer)은 이를 수령하
고 그 대금을 지급할 것을 약정하는 국제 매매계약이라 할 수 있으며, 이는 국제
간의 국제물품 매매계약을 기본으로 하고 운송계약, 보험계약 및 금융계약(대금
결제)이 부수적으로 수반된다.

2 最常见的贸易买卖合同是订单形式。
가장 흔한 무역 매매계약서는 주문서 형식이다.

여기에서 最는 비교의 최상급으로 '제일, 가장, 최고'라는 의미로 사용된다. 두
개의 사물이나 사건을 비교할 때에는 'A比B' 형태로 쓰이지만 세 개 이상의 비교
일 경우에는 最를 사용한다.

Ex 这是最基本的条款。 (이것은 가장 기본적인 조항이다.)
这是最常用的方法。 (이것이 가장 자주 사용하는 방법이다.)

最 외에 최고급으로 표현할 수 있는 다른 방법은 '比+의문대명사+都'가 있다.

Ex 我们的质量比哪儿的都好。 (우리의 품질은 어디보다도 좋다.)
价格比什么都重要。 (가격은 무엇보다도 중요하다.)

3 订购单
주문 발주서(Purchase Order)

발주는 계약을 체결한 후에 이에 대한 물품 등을 주문하는 행위를 가리킨다.

이 중에서 물품발주서는 물품을 청구하는 부서가 해당 물품의 제공을 요청하는 단계에서 작성하는 문서이며 주로 공사나 용역 등 큰 규모의 거래에서 이루어진다.

구매 발주서는 구매 발주를 요청하는 서류이므로 이를 작성할 때에는 물품의 품명, 규격, 단가, 발주량 등을 기재해야 한다.

이런 기본 사항 외에도 매도인과 매수인의 의무를 정하기 위해 품질조항(견본품과 동일 혹은 지난번에 거래한 것과 동일 품질 등), 포장조건(포장 파손 시 책임 등), 선적조항(선적방법 명시), 결제조항(전자송금이나 L/C결제 방식 선정) 등이 발주서에 들어갈 내용이다.

4 凭样品交易
견본품을 기준으로 거래

국제 매매계약서의 품질조건은 보내드린 샘플을 기준으로 품질을 보장하겠다는 의미이다.

품질을 결정하는 방법으로는 견본매매, 점검매매, 표준품매매, 상표매매, 명세서매매, 규격매매 등이 있다.

- 견본매매(凭样品交易): 견본을 송부 받고 견본과 같은 물품이 송부될 것을 전제로 계약 체결.
- 점검매매(凭看货买卖): 표준품을 추상적으로 제시하여 대체로 이와 유사한 수준의 품질을 인도.
- 표준품매매(凭标准规格买卖): 표준품을 추상적으로 제시하여 대체로 이와 유사한 수준의 품질을 인도.
- 상표매매(凭商标买卖): 매매물품의 상표가 국제적으로 널리 알려져 있을 경우 견본을 구태여 제공할 필요 없이 그 상표 또는 브랜드를 신뢰하여 이를 품질의 기준으로 삼음.

- 명세서매매(凭说明书买卖): 명세서의 보조물로 청사진, 도해목록 및 설계도 등을 이용.
- 규격매매(凭品级规格买卖): 국제적으로 물품의 규격이 정해져 있거나 수출국의 법적 규정에 의하여 물품의 규격이 정해져 있을 경우 이를 품질의 기준으로 삼음.

5 允许分运及转运。
분할선적 및 환적을 허용한다.

선적조건은 선적시기, 분할선적이나 환적, 선적지연과 선적일의 증명 등에 관해 거래 당사자간 약정하고 그에 따라 선적하는 것을 말한다.

분할선적은 약정된 상품을 두 번 이상 나누어 선적하는 것을 가리킨다. 예컨대, 1,000M/T를 5월 초에 500M/T, 5월 말에 500M/T로 나누어 선적하는 방식이다.

환적에는 두 가지 개념이 있는데, 하나는 같은 운송방법 내에서 하나의 운송기관에서 다른 운송기관으로 이전 및 재 적재되는 환적이고, 다른 하나는 서로 다른 방법의 운송기관 간에 이전 및 재 적재가 발생하는 환적이다.

分运及转运에서 及는 '및, 과, 와'라는 의미이다. 이와 유사한 의미의 접속사로는 和가 있다. 和는 구어와 서면어에 모두 쓰이지만 及는 서면어에만 쓰인다.

Ex 这批货物有服装、自行车及其他电子产品。
(이번 화물은 패션, 자전거 및 기타 전자제품이 있다.)

我及金总一起去中国。(X)

我和金总一起去中国。(O)(나는 김 사장님과 같이 중국에 간다.)

Voca plus+

① 인코텀즈 2010(Incoterms 2010)

인코텀즈란, International Commercial Terms의 약칭으로 [국내 및 국제 거래 조건의 사용에 관한 ICC 규칙]이다. 10년마다 개정되기에 인코텀즈 뒤에 개정년도를 밝히고 있다. 물품의 판매가격을 결정할 때 사용하는 정형화된 국제표기이다. 총 11가지의 형태를 갖고 있으며 이 중에서 선택하여 가격을 결정하고자 함이 인코텀즈의 근본취지이다. 공식명칭은 [무역거래 조건의 해석에 관한 국제규칙]이며, 11가지 각 표현이 의미하는 것이 무엇인지 아는 것이 핵심이다.

1. 운송방식에 관계없이 사용할 수 있는 조건

(1) 工厂交货 gōngchǎng jiāohuò 공장 인도조건, EXW

(2) 货交承运人 huòjiāo chéngyùnrén 운송인 인도조건, FCA

(3) 运费付至 yùnfèi fùzhì 운임지급 인도조건, CPT

(4) 运保费付至 yùnbǎofèi fùzhì 운임보험료 지급 인도조건, CIP

(5) 指定终端交货 zhǐdìng zhōngduān jiāohuò 터미널 인도조건, DAT

(6) 指定目的地交货 zhǐdìng mùdìdì jiāohuò 장소 인도조건, DAP

(7) 完税后交货 wánshuì hòu jiāohuò 관세 지급 인도조건, DDP

2. 해상과 내수로 운송을 위한 조건

(1) 装运港船边交货 zhuāngyùngǎng chuánbiān jiāohuò 선 측 인도조건, FAS

(2) 装运港船上交货 zhuāngyùngǎng chuánshang jiāohuò 선 측 인도조건, FOB

(3) 成本加运费 chéngběn jiā yùnfèi 운임 포함 인도조건, CFR

(4) 成本加运保费 chéngběn jiā yùnbǎofèi 운임보험료 포함 인도조건, CIF

Speaking Practice

1

Hint
❶ 基本条款   ❷ 条件   ❸ 订购单

국제 무역 매매계약서 중, 가장 ❶기본적인 5가지 조항은 수량❷조건, 가격❷조건, 운송❷조건, 지불❷조건 및 품질❷조건이다. 일반적으로 국제 무역에서 가장 자주 볼 수 있는 무역 매매계약서는 주문 명세서 형식의 즉, ❸구매 주문서이다.
❸구매 주문서 상에 반드시 상술한 5대 기본 항목을 포함해야 한다.

▶ 자유롭게 주제를 정한 후, 나만의 매매계약서를 작성해 보세요.

买卖合同

Hint ❶ 按   ❷ 出售   ❸ 购进   ❹ 参照

매매계약서

매도인 : 오성전자 무역회사　　　　　매수인 : 화리전자 유한회사

체결시기 : 2014년 4월18일

주소 : 한국 서울 특별시 강남구 삼성동 35호

주소: 중국 칭다오시 시난구 샹깡중로 248호

전화 : +82-02-567-1234　　　전화 : +86-0532-8589-4567

팩스 : +82-02-567-1212　　　팩스 : +86-0532-8589-4566

매매 당사자는 아래의 조항❶대로 매도인이 ❷판매하기를 동의한다. 매수인은 아래의 제품을 ❸구매한다.

1. 제품명 및 규격 : DMC-AEC367

2. 수량 : 72000 PCS

3. 단가 : $55.75U/P CIF 칭다오

4. 총 가격 : $4,014,000

5. 품질조건: 견본판매

6. 포장조건: 드라이아이스

7. 선적조건: 2014년 5월 21일 전, 분할선적 및 환적을 허용한다.

8. 선적서류: 상업송장, 포장명세서, 원산지증명, 선하증권

9. 선적항: 한국 인천

10. 하적항: 중국 칭다오

11. 지불조건: Sight L/C

12. 비고: 불가항력, 클레임 등 기타 조항은 전부 국제표준 매매계약서를 ❹참조.

매도인 사인: 오성전자 무역회사　　　매수인 사인: 화리전자 유한회사

비즈니스 파트너 한국과 중국

한국과 중국은 1992년 양국 수교 이후 수많은 교역을 하고 있을 뿐만 아니라 양국 간의 수출입비중이 날이 갈수록 높아지고 있다.

1 한·중 교역 현황

1992년, 한·중 양국이 수교 이후 지난 20년간 한국과 중국은 상호보완적 협력관계를 유지하면서 교역, 투자 등 경제분야에서 빠른 속도로 성장해왔다.

수교 후 20년 동안 대중국의 수출입을 보자면 수출은 1992년 26.5억 달러이고 2011년 1,342억 달러로 연평균 22.9% 증가해 왔다. 수입은 1992년 37.2억 달러이고 2011년 864억 달러로 연평균 18% 증가해 왔다. 이렇게 한국 대 중국의 무역수지는 수교 당시인 1991년과 1992년 적자를 기록한 것을 제외하면 지속적으로 흑자를 기록해왔다. 2003년부터 중국은 경제개발 연대에 최대 시장이었던 미국을 제치고 한국의 제일 큰 수출시장이 되었다. 수교 20년을 지나 30년을 향해 달려가고 있는 2012년, 2013년의 수출증가율은 각각 7.9%, 7.8%이다.

2012년부터 대 중국의 수출이 감소되는 이유는 중국이 2011년부터 실시한 12.5계획(12차 5개년 계획)에서 '내수시장강화'를 펼쳐가고 있는데 반해 중국 내수시장 공략은 아직 부진한 것에 귀인을 할 수 있다. 한국 대 중국 수출 중 가공무역이 차지하는 비중이 아직 50%전후를 맴돌고 있다. 하지만 중국은 인건비 인상, 평균 소득의 상승 등 이유로 가공무역비중이 감소되어 가고 있는데 한국 기업들은 여전히 중국을 제3국 수출용 생산기지로 활용하는데 머물고 있다. 앞으로 중국 소비자의 취향과 수요에 따라 중국 시장을 공략한다면 무역수지는 점차 개선될 것이라 본다.[1]

② 한·중 교역 품목의 변화

양국이 수교 후 중국으로 수출한 품목은 대부분 섬유 및 직물로 저 부가가치의 노동집약적 품목이었고, 수입 역시 원재료 및 직물 위주의 품목이었다. 하지만 최근 양국의 교역품목은 철강제품, 원유, 컴퓨터기기 등 자본집약적 고 부가가치 품목들을 서로 수출입하고 있는 것으로 나타나고 있다.

그 이유는 2001년 이후 중국이 WTO에 가입하고 세계화가 급격히 진행되면서 글로벌 소싱을 통한 산업 내 무역이 급증하기 시작하였다. 중국은 글로벌 소싱의 중심에 서게 되었고 아웃소싱 위주의 무역이 양국 간에도 급증하였다. 최근에는 LCD 및 메모리 반도체 등의 중간재를 서로 수출입하고 있는데, 이는 대중국 교역 패턴이 중간재 중심의 아웃소싱 위주로 변화하였다는 것을 보여주고 있다. 이러한 무역구조 변화는 약국간의 생산 분할이 이루어지고 있으며 무역구조가 보다 더 보완적 구조로 변해가고 있다는 것을 알 수 있다.

특히 2015년 6월 한중FTA 체결 및 12월 발효 이후 한중 교역 품목의 변화는 더 클 것이다. 한중FTA 타결 내용을 보자면; 한국은 품목수 기준 92.1%와 수입액 기준 91.2%의 상품이 10년 내 관세철폐를 할 것이다.

여기에서 대중국 수입관세를 즉시 철폐하는 품목은 철강재용기, 수신기, 사진 플레이트 및 필름, 플라스틱 금형, 화학기계 등 4004개 품목이다. 따라서 관세율이 철폐된 후 중국 내수시장 점유율을 확대하기 위한 제조업과 서비스업이 활성화 될 전망이다.

1. 이시영, 임은정, "한–중 FTA", 국가전략 2013년 제19권 2호

09 约饭局
식사약속

중국인들 好客 hàokè라고 해서 손님 접대를 좋아하고 이를 즐깁니다. 식사의 질을 매우 중시하고, 마시는 술의 종류, 피우는 담배의 종류 즉, 고가, 고급 브랜드를 중요하게 생각하지요. 비즈니스 접대에서 우리는 1~2시간이면 식사가 끝나고 다른 곳으로 옮기지만, 중국은 우리와 같이 2차, 3차를 거의 가지 않습니다. 중국인들은 대략 10가지 요리에 탕 요리, 8가지 냉채 그리고 후식까지 대략 20가지 음식을 먹기 때문에 최소한 2~3시간 이상이 걸리기 때문에 식사가 끝나면 그날의 접대와 비즈니스는 대부분 끝이 납니다. 이러한 문화 차이를 알면 중국 바이어와의 접대에 도움이 되겠죠.

New Words

— 过 guò 동 지내다

— 星期 xīngqī 명 요일

— 请 qǐng 동 초빙하다

— 顺便 shùnbiàn 부 ~하는 김에, 겸사겸사

— 合作 hézuò 동 합작하다

— 细节 xìjié 명 세부

— 出差 chūchāi 동 출장 가다

— 周末 zhōumò 명 주말

— 才 cái 부 겨우

— 回来 huílai 동 되돌아오다

— 时候 shíhou 명 때, 무렵

— 没问题 méi wèntí 동 문제없다, 확신하다

— 一言为定 yìyánwéidìng 번복함이 없이 한마디로 약속하다

— 下班 xiàbān 동 퇴근하다

— 等 děng 동 기다리다

— 大约 dàyuē 부 대략

— 喜欢 xǐhuan 동 좋아하다

— 酒 jiǔ 명 술

— 白酒 báijiǔ 명 고량주, 백주

— 就 jiù 부 곧, 바로

— 一会儿 yíhuìr 명 곧, 잠깐 사이

Dialogue

1

상황 1 이재민 과장이 세미나에 참석한 자리에서 화리전자 리우하오 상무
를 만나 반갑게 인사를 하며 대화를 한다.

李在民 您好，刘总监，真的好久不见啊！
Nín hǎo, Liú zǒngjiān, zhēnde hǎojiǔ bújiàn a!

刘好 您好，你过❶得好吗?
Nín hǎo, nǐ guò de hǎo ma?

李在民 很好，您这个星期有时间吗? 我想请您吃饭。
Hěn hǎo, nín zhège xīngqī yǒu shíjiān ma? Wǒ xiǎng qǐng nín chīfàn.

❷顺便谈谈这次合作的细节。
Shùnbiàn tántan zhècì hétóng de xìjié.

刘好 不好意思，明天我❸要去中国出差，
Bù hǎoyìsi, míngtiān wǒ yào qù Zhōngguó chūchāi,

周末❹才回来。
zhōumò cái huílai.

李在民 这样啊，您什么时候有时间?
Zhèyàng a, nín shénme shíhou yǒu shíjiān?

刘好 下周二怎么样?
Xiàzhōu èr zěnmeyàng?

李在民 好的，没问题。
Hǎode, méi wèntí.

刘好 ❺一言为定。
Yìyánwéidìng.

> **Tip** 중국은 대부분의 비
> 즈니스가 협상 테이블보
> 다 under table을 통해
> 성사되고 협상난제를 해
> 결하는 경우가 많으므로,
> 협상하다 막히면 식사로
> 분위기를 전환하여 "꽌
> 시(인맥)"부터 잘 쌓아서
> 다른 돌파구를 찾는 것도
> 좋은 아이디어이다.

이번 주에 시간되세요?

116

상황 2　이재민 과장과 리우하오 상무는 서로 전화통화를 하며 저녁 약속 시간을 정한다.

李在民　刘总监，您好，中国的工作进行得顺利吗？
　　　　Liú zǒngjiān, nín hǎo, Zhōngguó de gōngzuò jìnxíng de shùnlì ma?

刘好　　很顺利，谢谢。
　　　　Hěn shùnlì, xièxie.

李在民　您今晚几点下班？我去贵公司等您。
　　　　Nín jīnwǎn jǐ diǎn xiàbān? Wǒ qù guì gōngsī děng nín.

刘好　　我今天❶大约七点下班。
　　　　Wǒ jīntiān dàyuē qī diǎn xiàbān.

李在民　您喜欢喝什么酒？
　　　　Nín xǐhuan hē shénme jiǔ?

刘好　　我喜欢喝白酒。
　　　　Wǒ xǐhuan hē báijiǔ.

李在民　好的，我们就去喝白酒，晚上见。
　　　　Hǎode, wǒmen jiù qù hē báijiǔ, wǎnshang jiàn.

刘好　　一会儿见。
　　　　Yíhuìr jiàn.

Grammar & Pattern

1 你过得好吗?
잘 지내세요?

得는 문장에서 술어와 보어를 연결하는 구조조사이다.
문장형태는 '주어+동사/형용사+得+보어'이다.

Ex 酒喝得很慢。(술을 천천히 마시다.)
她听得懂吗? (그녀는 알아 들을 수 있나요?)

그 외 得는 dé와 děi라는 발음 두 가지가 있는데
得 dé는 '얻다, 획득하다'의 의미로 得到라고 자주 쓰인다.

Ex 我得到王总的信任。(나는 왕 사장님의 신임을 얻었다.)
我得到了一台电脑。(나는 컴퓨터 한 대를 획득했다.)

得 děi는 '~해야 한다'의 의미로 문장 형태는 '주어+得+동사+목적어'이다.

Ex 我得去公司工作。(나는 회사에 가서 일을 해야 한다.)
我得告诉他。(나는 그에게 알려줘야 한다.)

2 顺便谈谈这次合作的细节。
(식사)하는 김에 이번 합작의 세부 사항도 의논해요.

顺便은 '~하는 김에, 겸사겸사'의 의미로 사용된다. 어떤 일을 하는 과정에서 그틈을 타서 다른 일을 겸해서 함을 나타낸다.

Ex 我去商场买衣服，顺便给你买一件。
(백화점에 가서 옷을 사는 김에 네 것도 한 벌 샀어.)
我经过学校，顺便去看了老师。
(학교를 경유하는 김에 선생님을 뵈러 갔다.)

谈은 '이야기하다, 말하다, 토론하다'의 의미로 사용된다.

Ex 我们每天都谈工作。(우리는 매일 업무 얘기를 나눈다.)
我想谈谈这次出口合同。(이번 수출계약서에 대해 의논하고 싶어요.)
我和老总谈一下。(내가 사장님과 한번 얘기해볼게요.)

3 明天我要去中国出差。
내일 나는 중국으로 출장을 갈 것이다.

要는 '~하려고 하다'의 의미로 화자의 의지를 나타내거나, 행위 동작의 필요성, 혹은 당위성을 나타낸다. 문장 형태는 '주어＋要＋동사＋목적어'로 쓰인다.

Ex 我要去日本旅行。(나는 일본으로 여행을 갈 것이다.)
我要打电话预约。(나는 전화를 해서 예약을 할 것이다.)

Tip 要가 의지를 나타내는 경우의 부정형은 不想(~하고 싶지 않다)으로 쓰인다. 예컨대, 我要看书。의 부정형은 我不想看书。이다. 要가 '~할 필요가 있다, ~해야만 한다'와 같이 필요성이나 당위성을 나타내는 경우도 있다.

Ex 你要注意身体。(건강에 주의하셔야 합니다.)
你不要抽烟。(당신은 담배를 피우면 안 됩니다.)

4 周末才回来。
주말에야 돌아옵니다.

才는 '~에야, 방금, 겨우 등'의 의미를 나타나지만, 본문의 의미는 '~에야'이다.

Ex ~에야 : 我后天才到中国。(나는 모레나 되어서야 중국에 도착한다.)
방금 : 我才从中国回来。(나는 방금 중국에서 돌아왔다.)
겨우 : 这家公司员工才50名。(이 회사의 직원은 겨우 50명이다.)

5 一言为定。
(말) 한 마디로 정하다.

一言为定은 중국어 성어로 '한 번 뱉은 말은 끝까지 지킨다'라는 의미로 쓰인다.

Ex A. 明天早上九点，我在酒店大堂等你。(내일 아침 9시에 호텔로비에서 기다릴게요.)
B. 好，一言为定。(좋아요, 이렇게 정할게요.)

6 我今天大约七点下班。
나는 오늘 대략 7시에 퇴근한다.

大约는 '수, 양 혹은 시간상의 유사함'을 의미한다.

Ex 金总大约五十岁。(김 사장님은 대략 50세이다.)
大约有十个人在办公室。(약 10명이 사무실에 있다.)
我从家走到公司大约需要十分钟。(집에서 회사까지 걸어가는데 대략 10분이 걸린다.)

Voca plus+

1   요일관련

(1) 周/星期/礼拜 주, 요일

(2) 周一 zhōu yī 월요일 (=星期一 xīngqīyī)

(3) 周二 zhōu èr 화요일 (= 星期二 xīngqī'èr)

(4) 周三 zhōu sān 수요일 (=星期三 xīngqīsān)

(5) 周四 zhōu sì 목요일 (=星期四 xīngqīsì)

(6) 周五 zhōu wǔ 금요일 (=星期五 xīngqīwǔ)

(7) 周六 zhōu liù 토요일 (=星期六 xīngqīliù)

(8) 周日 zhōu rì 일요일 (=星期天 xīngqītiān)

2   요리종류

(1) 韩国料理 Hánguó liàolǐ 한국요리

(2) 中国料理 Zhōngguó liàolǐ 중국요리

(3) 日本料理 Rìběn liàolǐ 일본요리

(4) 西餐 xīcān 서양요리

3   술 종류

(1) 洋酒 yángjiǔ 양주

(2) 红酒 hóngjiǔ 와인 (=葡萄酒 pútaojiǔ)

(3) 白酒 báijiǔ 고량주

(4) 啤酒 píjiǔ 맥주

(5) 扎啤 zhāpí 생맥주

(6) 香槟 xiāngbīn 샴페인

Speaking Practice

1

 Hint ❶ 请　❷ 顺便　❸ 才　❹ 为定

이재민　안녕하세요. 리우 상무님, 정말 오랜만입니다.

리우하오　안녕하세요. 잘 지내세요?

이재민　아주 좋습니다. 이번 주에 시간이 되십니까? 제가 식사를 ❶대접해 드리고 싶습니다. (식사) ❷하는 김에 이번 합작의 세부사항도 의논해요.

리우하오　미안하지만 내일 중국 출장을 가서 주말❸에야 돌아옵니다.

이재민　그렇군요. 언제 시간이 되시나요?

리우하오　다음 주 화요일은 어떤가요?

이재민　좋아요, 괜찮습니다.

리우하오　그럼 그렇게 ❹정하겠습니다.

 메모를 하면서 중국어 문장을 만들어 보세요.

122

2

Hint

❶ 等 ❷ 大约 ❸ 白酒 ❹ 一会儿

이재민	리우 상무님, 안녕하세요. 중국에서의 일은 순조롭게 진행됐나요?
리우하오	매우 순조로웠습니다. 감사합니다.
이재민	오늘 저녁 몇 시에 퇴근하시나요? 제가 귀사에 가서 ❶기다리겠습니다.
리우하오	저는 오늘 ❷대략 7시에 퇴근합니다.
이재민	무슨 술을 좋아하세요?
리우하오	저는 ❸고량주를 좋아합니다
이재민	좋아요, 우리 고량주 마시러 가죠. 저녁에 뵐게요.
리우하오	❹이따가 뵙겠습니다.

 메모를 하면서 중국어 문장을 만들어 보세요.

중국인이 하는 빈말의 진실과 거짓

중국에서 비즈니스를 할 때 일반적으로 꽌시(인맥)를 유지하기 위해서 서로 초대하고 친분을 쌓아 간다. 이런 서로의 왕래에서 빈말을 부득이하게 많이 얘기하게 되는데 어떤 말이 진실이고 거짓인지 살펴보도록 하겠다.

1 중국 빈말의 진실

(1) 谢谢您的招待，下次我请您。

   Xièxie nín de zhāodài, xiàcì wǒ qǐng nín.

   (초대해 주셔서 감사합니다, 다음에는 제가 사겠습니다.)

   여기에서 下次는 '다음에는 내가 산다'가 아닌 '조만간'의 의미로 중국인들이 받아들일 가능성이 높으므로 '조만간 자리를 마련해서 연락한다'라고 생각하는 것이 좋다.

(2) 找个时间一起吃饭。

   Zhǎo ge shíjiān yìqǐ chīfàn.

   (언제 시간 내서 같이 한번 식사해요.)

   여기에서 '언제 시간 내서'는 빈말이 아닌 정말로 상대방이 언제 시간이 괜찮은지 자기에게 알려 달라는 표시이다. 따라서 빈말처럼 아무런 반응이 없으면 상대방이 자기와 자리를 함께하고 싶지 않다는 느낌으로 받아들일 가능성이 높으므로 가능한 시간을 우선 말해 주는 것이 좋다.

② 중국 빈말의 거짓

(1) **一定没问题，包在我身上。**

Yídìng méi wèntí, bāo zài wǒ shēn shang.

(아무런 문제가 없다, 내가 전부 책임을 지겠다.)

이런 말을 듣고 안심을 하면 안될 뿐만 아니라 오히려 의심을 해야 한다.

一定은 '꼭', 包는 여기에서 '전부'의 의미를 나타낸다. 중국어 표현에서 이렇게 100% 문제가 없고 100% 상대방이 책임을 진다면 오히려 더 꼼꼼히 처리해야 추후의 문제점을 예방할 수 있다.

我会尽力的，我先试一试。Wǒ huì jǐnlì de, wǒ xiān shìyishì. (제가 최선을 다 하겠습니다. 우선 시도해 볼게요.) 라는 표현은 빈말이 아닌 진심이 담긴 표현이라고 할 수 있다.

(2) **我一会儿就到。**

Wǒ yíhuìr jiù dào.

(나는 곧 도착한다.)

중국어에서 一会儿은 '곧, 바로'라는 의미이므로, 보통 받아들이는 사람은 5~10분으로 느껴질 가능성이 높다.

하지만 중국의 빈말 중 一会儿은 좀 늦을 것 같은데 상대방에게 구체적인 시간을 얘기하기 미안할 때 대부분 이런 말을 사용한다. 따라서 一会儿은 상황에 따라 5~30분, 심지어 더 길어질 수도 있다. 이런 빈말을 들을 때는 인내심을 갖고 기다리는 것이 좋다.

만약 구체적으로 얘기하고 싶다면 我十分钟以后到。

Wǒ shí fēnzhōng yǐhòu dào.(나는 10분 뒤에 도착한다.) 처럼

구체적인 시간을 언급해야 한다.

중국 빈말의 진실과 거짓은 이 외에도 많이 있다.

이런 빈말의 실체를 잘 이해하는 것은 양국 비즈니스의

윤활유 역할을 한다.

10 商务应酬
비즈니스 접대

비즈니스에서 중요한 중국 바이어와의 접대를 빼놓을 순 없죠! 접대에서 분위기가 좋으면 그만큼 바이어와의 관계도 돈독해지고, 중요한 거래가 쉽게 성사되기도 합니다. 몇 가지 중식 예절을 알려 드릴께요.

1. 여러 요리가 차례로 나눠 나오는데, 요리를 중심으로 원탁에 둘러 앉아서 개인 접시에 조금씩 덜어서 먹습니다.

2. 여러가지 음식을 한 접시에 담지 않습니다.

3. 탕요리는 수저로 떠서 탕 그릇에 담고 그릇을 들고 먹습니다.

4. 음식을 먹으며 중간중간 차를 마시는데, 차 주전자의 입구를 사람이 있는 방향으로 두지 않습니다.

New Words

— 贵客 guìkè 명 귀한 손님

— 听说 tīngshuō 동 듣건대

— 特意 tèyì 부 특별히, 일부러

— 选 xuǎn 동 선택하다

— 酒店 jiǔdiàn 명 식당, 호텔

— 款待 kuǎndài 동 환대하다

— 费心 fèixīn 동 신경을 쓰다, 걱정하다

— 合作 hézuò 동 합작하다

— 干杯 gānbēi 동 건배하다

— 友谊 yǒuyì 명 우의, 우정

— 酒量 jiǔliàng 명 주량

— 过奖 guòjiǎng 동 과찬이십니다

— 只能 zhǐnéng 동 ~만 할 수 있다

— 啤酒 píjiǔ 명 맥주

— 香 xiāng 형 향기롭다

— 菜 cài 명 요리, 반찬

— 合胃口 héwèikǒu 동 입맛에 맞다

— 味道 wèidao 명 맛

— 敬 jìng 동 존중하다, 공손하게 올리다

— 热情 rèqíng 형 열정적이다

— 招待 zhāodài 동 접대하다

— 不周 bùzhōu 형 주도면밀하지 못하다

— 包涵 bāohan 동 양해하다, 용서하다

— 谅解 liàngjiě 동 양해하다

— 长久 chángjiǔ 형 장구하다

Dialogue

CD-44

1

상황 1   비즈니스 미팅을 마치고 왕 사장은 김영호 팀장과 김희수 대리에게
유명한 음식점에서 오찬을 대접한다.

王明   金经理，请坐这儿，您是今天的❶贵客。
Jīn jīnglǐ, qǐng zuò zhèr, nín shì jīntiān de guìkè.

金永浩   您太客气了。
Nín tài kèqi le.

> Tip 중국 비즈니스 접대
> 자리에서는 원형테이블
> 의 자리 순서가 중요하기
> 때문에 잘 못 앉으면 큰
> 실례가 되어 자리를 안내
> 받는 것이 바람직하다.

王明   ❷听说，您喜欢北京烤鸭，我们特意选了这个酒店，
Tīngshuō, nín xǐhuan Běijīng kǎoyā, wǒmen tèyì xuǎnle zhège jiǔdiàn,

因为这儿的烤鸭最有名。
Yīnwèi zhèr de kǎoyā zuì yǒumíng.

金永浩   谢谢您的❸款待，❸让您费心了。
Xièxie nín de kuǎndài, ràng nín fèixīn le.

王明   您也太客气了。来，❹为我们的合作干杯。
Nín yě tài kèqi le. Lái, wèi wǒmen de hézuò gānbēi.

金永浩   好的，也为我们的友谊干杯。
Hǎode, yě wèi wǒmen de yǒuyì gānbēi.

상황 2   식사 분위기가 무르익을 때쯤 식사와 함께 반주를 한다.

王明　听说，您的酒量很不错*。
　　　Tīngshuō, nín de jiǔliàng hěn búcuò.

金永浩 您过奖了，我❺只能喝一点儿白酒。
　　　Nín guòjiǎng le, wǒ zhǐnéng hē yìdiǎnr báijiǔ.

王明　您更喜欢中国的白酒还是啤酒？
　　　Nín gèng xǐhuan Zhōngguó de báijiǔ háishi píjiǔ?

金永浩 我觉得白酒更香。
　　　Wǒ juéde báijiǔ gèng xiāng.

王明　这儿的菜❻合您的胃口吗？
　　　Zhèr de cài hé nín de wèikǒu ma?

金永浩 恩，味道好极了。王总，我❼敬您一杯，谢谢您的热情款待。
　　　Èn, wèidao hǎo jíle. Wáng zǒng, wǒ jìng nín yì bēi, xièxie nín de rèqíng kuǎndài.

王明　别客气，我们招待不周，请多包涵。
　　　Bié kèqi, wǒmen zhāodài bùzhōu, qǐng duō bāohán.

金永浩 来，为我们的长久合作干一杯！
　　　Lái, wèi wǒmen de chángjiǔ hézuò gān yì bēi!

> **Tip** 不错는 '괜찮다, 좋다'의 의미이지만 본문에서 您的酒量真不错의 不错는 '(주량이) 세다'로 해석하는 것이 좋다.

건배

건배

Grammar & Pattern

1

您是今天的贵客。
당신은 오늘의 귀한 손님입니다.

贵는 '귀중하다, 비싸다'라는 의미로 贵客는 '귀한 손님'으로 해석된다.
➡ 중국에서는 VIP를 贵宾(귀빈)이라 하고 식당 및 호텔 등의 귀빈석을 贵宾席라고 칭한다.

그 외 稀客(귀한 손님)라는 유사한 표현이 있지만, 稀客는 '귀하고 드물게 오는 손님'의 뜻으로 쓰인다.

Ex 您真是稀客。(정말 오랜만에 오셨네요.)
王总可是我们的稀客啊!(왕 사장님이야말로 우리의 귀한 손님이죠!)

稀客의 반대말은 常客(자주 오는 손님, 단골손님)이다.

Ex 金总是我们饭店的常客。(김 사장님이야말로 우리 식당의 단골손님이다.)
他成为我们家的常客。(그는 우리 집의 단골손님이 되었다.)

2

听说，您喜欢北京烤鸭。
당신이 베이징 오리구이를 좋아한다고 들었습니다.

听说는 '듣자 하니, 들건대'의 의미로 해석된다.
문장형태는 '听说+들었던 내용에 대한 진술'의 구조로 문장 앞부분에 오거나 중간에 삽입되어 쓰인다.

Ex 听说李部长跳槽了，是吗? (이 부장님이 회사를 옮겼다고 들었습니다, 맞나요?)
金总这个人听说很好。(김 사장님이 아주 좋은 사람이라고 들었습니다.)

다른 사람의 말을 빌려서 얘기할 때 听说뿐만 아니라 据说(말하는 바에 의하면 ~라 한다)라는 표현도 있다.
据说의 据는 '근거'라는 의미로 근거에 따른 진술은 听说보다는 据说를 사용한다.

Ex 据说明天要下雨。(내일 비가 온다고 합니다.)
据说一个小时后开会。(한 시간 후에 회의를 한다고 합니다.)

3 谢谢您的款待，让您费心了。
환대해 주셔서 감사합니다, 수고하셨습니다.

식사초대를 받고 식사를 다 마친 후 상대방에게 잘 먹었다는 감사의 표시로 谢谢您的款待라는 표현을 사용한다.

하지만 식사를 하기 전에 이런 표현을 사용할 때도 있다.

Ex 我要开动筷子了，谢谢您的款待。
(저는 지금부터 먹겠습니다, 환대해 주셔서 감사합니다.)

谢谢款待，我就不客气了。
(환대해 주셔서 감사합니다. 사양하지 않겠습니다.)

상대방이 자신을 도와줄 때 감사의 표시로 让您费心了라고 얘기를 한다.

비슷한 표현으로는 다음과 같은 표현이 있다.

Ex 让您受累了。(귀찮게 해드려서 죄송합니다, 수고하셨습니다.)

让您担心了。(걱정을 끼쳐드려 죄송합니다.)

4 为我们的合作干杯。
우리의 합작을 위해서 건배합시다.

为는 '~을 위해서'의 의미로 쓰인다. 이것과 같은 의미로 为了가 있는데 문장 사용에서 서로 혼동하기 쉽다.

为了는 행위나 동작이 서비스하는 대상을 이끌어낸다.

Ex 为了完成合同，我天天加班。
(계약서를 완성하기 위해서 나는 매일 야근한다.)

为了去中国出差，我努力学习汉语。
(중국출장을 가기 위해서 나는 열심히 중국어 공부를 한다.)

5 我只能喝一点儿白酒。

저는 고량주만 좀 마실 수 있습니다.

只能의 의미는 두 가지가 있는데 하나는 '~할 수 밖에 없다', 즉 '어쩔 수 없이, 부득이'의 뜻으로 해석된다.

> **Ex** 我今天没有时间，**只能**明天去。(나는 오늘 시간이 없어서 내일 갈 수밖에 없다.)
> 他们都反对，我**只能**放弃了。(그들이 전부 반대하기에 나는 포기할 수밖에 없다.)

다른 하나는 '~만 할 수 있다, ~할 수 있을 뿐이다'를 뜻하는데 본문에서는 이런 의미로 해석된다.

> **Ex** 我**只能**说汉语。(나는 중국어만 할 수 있다.)
> 我**只能**喝一点点红酒。(나는 와인만 조금 마실 수 있다.)

6 这儿的菜合您的胃口吗?

여기의 음식은 입맛에 맞으세요?

合는 '맞다, 어울리다'를 뜻하고 胃口는 '구미', 입맛을 뜻한다.
合胃口는 '동사+목적어'의 구조로 '입맛에 맞다 혹은 흥미에 맞다'라고 풀이한다.

> **Ex** 今天的饭菜**合**您的**胃口**吗? (오늘 식사는 입맛에 맞으세요?)
> 这样的工作不**合**我的**胃口**。(이런 업무는 나의 흥미에 맞지 않는다.)

7 我敬您一杯。

제가 한잔 드리겠습니다.

중국의 비즈니스에서 자주 사용되는 敬酒(술을 올리다)는 '상대방의 술잔에 술을 따라드리다'가 아닌 상대방에게 '건배 제의'의 의미를 갖는다. 따라서 중국에서 敬酒는 상대방에게 감사의 말씀을 드리고 건배를 권하는 행동이라 볼 수 있다.
동의어로는 提议가 있다.

> **Ex** 我**敬**您一杯，谢谢您的照顾。(제가 한잔 올리겠습니다. 돌봐주셔서 감사합니다.)
> 我**提议**大家干一杯。(제가 건배 제의를 하겠습니다.)

Voca plus+

1 중국 4대요리

(1) 鲁菜 Lǔcài 산동요리
(2) 苏菜 Sūcài 장쑤요리
(3) 川菜 Chuāncài 쓰촨요리
(4) 粤菜 Yuècài 광동요리

2 음식 맛

(1) 酸 suān 시다
(2) 甜 tián 달다
(3) 苦 kǔ 쓰다
(4) 辣 là 맵다
(5) 咸 xián 짜다
(6) 油腻 yóunì 느끼하다
(7) 清淡 qīngdàn 담백하다

3 건배

(1) 举杯 jǔbēi 술잔을 들다
(2) 碰杯 pèngbēi (건배할 때) 잔을 서로 부딪다

4 중국 술 명칭

(1) 茅台 Máotái 마오타이(고량주 이름)
(2) 五粮液 Wǔliángyè 우량예(고량주 이름)
(3) 水井坊 Shuǐjǐngfáng 수정방(고량주 이름)
(4) 青岛啤酒 Qīngdǎo píjiǔ 칭다오 맥주

Speaking Practice

1

Hint ❶ 贵客 ❷ 听说 ❸ 款待

왕밍   김 팀장님, 이 쪽으로 앉으십시오. 당신은 오늘의 귀한 손님입니다.

김영호   별말씀을요.

왕밍   김 팀장님이 베이징오리구이를 좋아하신❷다고 들어서 저희들이 이 호텔을 특별히 골랐습니다. 이곳의 베이징오리구이가 가장 유명하기 때문이죠.

김영호   ❸환대해 주셔서 감사합니다. 수고하셨습니다.

왕밍   별말씀을요, 자, 우리의 합작을 위해서 건배합시다.

김영호   좋아요, 우리의 우정을 위해서도 건배를 합시다.

메모를 하면서 중국어 문장을 만들어 보세요.

2

Hint ❶ 酒量 ❷ 还是 ❸ 胃口 ❹ 敬

왕밍　　김 팀장님의 ❶주량이 세다고 들었습니다.

김영호　과찬이십니다. 저는 고량주 조금 정도만 마실 수 있습니다.

왕밍　　중국 고량주, ❷아니면 맥주 어느 것을 더 좋아하세요?

김영호　저는 고량주가 맛이 더 좋다고 생각합니다.

왕밍　　여기 요리는 ❸입맛에 맞으세요?

김영호　음, 맛이 정말 좋네요.
　　　　왕 사장님, 제가 한잔 ❹올리겠습니다. 환대해 주셔서 감사합니다.

왕밍　　별말씀을요, 접대가 변변치 못했네요, 양해 바랍니다.

김영호　자, 우리의 장기적인 합작을 위하여 건배합시다!

메모를 하면서 중국어 문장을 만들어 보세요.

중국의 식사예절과 술 문화

중국의 식탁예절과 술 문화는 틀이 정해져 있다. 자리 배치부터 식사습관, 주도 등의 예절을 살펴 보자.

1 자리 배치

사진의 1번 좌석은 초대한 측의 사장이나 최고 위의 좌석이다.
대부분 1번은 문을 열면 마주 보이는 자리에 위치되어 있다.
2번 좌석은 초대받은 측의 최고 위의 좌석이다.
그리고 0번은 초대 받은 측의 두 번째 사람이 앉는다.
문 옆의 5번 좌석은 초대 측의 두 번째 사람이 앉는다.
나머지 좌석은 상황에 따라 달라 질 수 있다.
그리고 중국은 대부분 식사와 술자리가 같은 장소에서
이루어지므로 원형테이블이 있는 룸에서 접대가
처음부터 끝까지 진행될 수 있다.

2 식사예절

(1) 중국요리는 요리접시를 중심으로 둘러 앉아 덜어먹는데 이 때 적당량의 음식을 자기 앞 접시에 담는다. 새로운 음식이 나왔을 때 젓가락으로 요리를 찔러 먹어서는 안 된다.

(2) 그릇이 비었을 경우 상대방이 음식을 집어주거나 권하는데 음식을 접시에 계속 남겨 두는 것은 '배부르다'라는 뜻인데, 중국에서는 음식을 이렇게 조금 남겨두는 것이 잘 먹었다는 표시이다.

3 건배 예절

(1) 건배 제의의 순서는 대부분 자리 배치의 순서에 따라 진행된다. 상석에 앉은 사람이 来，干杯！Lái, gānbēi!(자, 건배합시다!)라고 외치면 전체가 일어서거나 앉아서 잔을 식탁유리에 살짝 치면서 건배를 한다.

(2) 중국은 자기가 마시던 술잔을 상대방에게 절대로 권하지 않는다. 따라서 처음부터 끝까지 본인의 잔으로 술을 마시고, 한국과는 달리 계속 첨잔을 할 수도 있다. 그리고 술로 잔을 가득 채우는 습관이 있다.

그 이유는 술이 넘쳐야 정도 넘친다고 생각하기 때문이다.

(3) 중국 비즈니스의 술자리에서 가끔 초대한 측에서 초대받은 자에게 交杯酒(교배주: 서로 팔장을 끼고 술을 마시는 것)를 권할 수 있다. 交杯酒를 마시는 것은 '서로의 우정이 더욱 돈독해진다는 의미'가 담겨 있다.

4 접대와 중국 비즈니스의 관계

법치보다는 인치의 영향을 많이 받고 있는 중국사회에서는 중국 이해관계자와 관계망을 어떻게 구축하느냐에 따라 비즈니스 계약 성사에 큰 영향을 미친다. 이유는 비록 시스템에 따라 거래하고 업무를 수행하지만 결국 사람과 사람 간의 일이기 때문에 정부관료나 담당 부서 책임자와의 '꽌시(인맥)'가 업무에서 나타나는 불필요한 절차를 줄여주고 비용절감도 해준다. 그리고 유용한 정보를 입수할 수 있어 기업이 유리한 입장에 설 수 있다.

이러한 '꽌시'를 구축하는 데 첫 단계가 바로 접대이다.

중국에서 접대는 협상을 마친 후의 의례적인 행사가 아니라, 식사와 업무가 하나인 개념으로 접대는 중국 비즈니스에서 윤활유의 역할을 하게 된다. 접대 자리에서 상대방에게 재력이나 정성과 열정을 보여 준다면 사람과 사람 간의 신뢰를 더욱 다질 수 있다.

물론 일시적인 필요성에 따라 금전적인 지불과 함께 업무가 순조롭게 돌아가는 경우도 있지만 대부분 '꽌시'의 성립은 접대에서 돈만으로는 부족하다. 접대 자리에서 상대방의 식탁 예절과 에티켓을 존중해주고 접대를 통하여 자신의 인간적인 모습을 보여주는 계기라고 생각하고 행동한다면 좋은 접대가 좋은 '꽌시'를 만들어 결국은 비즈니스 관계에 긍정적인 영향을 미치게 될 것이다.

11 商务谈判

비즈니스 협상

비즈니스 협상과 담판은 국제 무역의 연결고리로 매 단계마다 나타납니다. 예를 들어, 계약서에 서명하기 전에 제품의 가격과 지불 방식 등의 협상을 하고 계약을 이행하는 과정에서 제품의 출하 시기와 운송기간 등을 협상합니다. 제품 품질의 문제가 발생했을 시에는 클레임 및 협상을 통해 해결합니다. 따라서 협상 내용을 파악하고 중국 비즈니스 협상 문화를 이해하는 것은 매우 중요합니다.

New Words

CD-47

— 报价 bàojià 몡 오퍼, 견적 통 오퍼를 내다

— 觉得 juéde 통 ~라고 여기다

— 太 tài 뷔 너무

— 合理 hélǐ 혱 합리적이다

— 相比 xiāngbǐ 통 비교하다

— 更 gèng 뷔 더욱, 훨씬

— 贵 guì 혱 비싸다

— 最近 zuìjìn 몡 최근

— 原材料 yuáncáiliào 원자재

— 上涨 shàngzhǎng 통 오르다

— 厉害 lìhai 혱 심각하다, 무시무시하다

— 加价 jiājià 통 값을 올리다, (가격을) 인상하다

— 离岸价格 lí'àn jiàgé 선적가격(Free on Board)

— 品质 pǐnzhì 몡 품질

— 售后服务 shòuhòu fúwù 애프터 서비스

— 如果 rúguǒ 젭 만약, 만일

— 改 gǎi 통 고치다, 수정하다

— 方面 fāngmiàn 몡 방면

— 适当 shìdàng 혱 적절하다

— 优惠 yōuhuì 몡 특혜, 우대, 혜택

— 开会 kāihuì 통 회의를 열다

— 决定 juédìng 통 결정하다

— 研究 yánjiū 통 연구하다, 논의하다

— 消息 xiāoxi 몡 소식

— 一直 yìzhí 뷔 계속, 줄곧

— 延长 yáncháng 통 연장하다

— 账期 zhàngqī 몡 지불기간

Dialogue

1

상황 1 화리전자 왕밍 사장은 오성전자의 가격 오퍼가 비합리적이라고 생각되어 가격 재협상을 요청한다.

金永浩 您好，王总，您收到我们公司的报价了吗?
Nín hǎo, Wáng zǒng, nín shōudào wǒmen gōngsī de bàojià le ma?

王明 收到了，但是我❶觉得这次报价不太合理;
Shōudào le, dànshì wǒ juéde zhècì bàojià bú tài hélǐ;

❷与去年相比，每台贵了100美元。
yǔ qùnián xiāngbǐ, měi tái guìle yìbǎi Měiyuán.

金永浩 最近原材料价格上涨得厉害，我们❸不得不加价。
Zuìjìn yuáncáiliào jiàgé shàngzhǎng de lìhài, wǒmen bùdebù jiājià.

王明 这次报价是离岸价格 (FOB) 吧?
Zhècì bàojià shì lí,àn jiàgé(FOB) ba?

金永浩 对。但是我们的品质和售后服务都是韩国一流*的，
Duì. Dànshì wǒmen de pǐnzhì hé shòuhòu fúwù dōu shì Hánguó yīliúde,

这您也知道。
Zhè nín yě zhīdao.

> **Tip** 一流는 '일류, 최고' 를 뜻한다. 一流的는 형 용사로 '일류의'라는 의 미로 쓰인다.

王明 您看，咱们是老客户了，如果价格不能改，
Nín kàn, zánmen shì lǎo kèhù le. Rúguǒ jiàgé bùnéng gǎi,

别的方面❹能不能给一点适当的优惠?
Biéde fāngmiàn néng bu néng gěi yìdiǎn shìdàng de yōuhuì?

金永浩 嗯，这个我们得开会研究一下。
Èng, zhège wǒmen děi kāihuì yánjiū yíxià.

王明 好的，请贵方认真考虑一下，
Hǎode, qǐng guìfāng rènzhēn kǎolù yíxià,

我等您的消息。
wǒ děng nín de xiāoxi.

2

상황 2　오성전자는 화리전자의 가격 재협상 요청을 받아들여 가격을 낮추는 대신 지불기간을 연장하는 제안을 한다.

金永浩　您好，王总。
Nín hǎo, Wáng zǒng.

王明　您好，金经理。我们一直在等您的消息。
Nín hǎo, Jīn jīnglǐ. Wǒmen yìzhí zài děng nín de xiāoxi.

金永浩　我们开会研究过了，决定给您延长账期，
Wǒmen kāihuì yánjiūguò le, juédìng gěi nín yáncháng zhàngqī,

您看怎么样?
Nín kàn zěnmeyàng?

王明　好啊，太好了。
Hǎo a, tài hǎo le.

Tip　对는 '맞다，~에게'라는 뜻으로, 동작이나 행위의 대상을 이끌어 내는 역할을 한다.

金永浩　现在是❺T/T 15天，对*吧? 延长到30天。
Xiànzài shì T/T shíwǔ tiān, duì ba? Yáncháng dào sānshí tiān.

王明　金经理，价格上涨对我们的压力很大，
Jīn jīnglǐ, jiàgé shàngzhǎng duì wǒmen de yālì hěn dà,

我们希望账期❻越长越好。
Wǒmen xīwàng zhàngqī yuè cháng yuè hǎo.

金永浩　好吧，咱们是老朋友了，
Hǎo ba, zánmen shì lǎo péngyǒu le,

就45天吧。
jiù sìshíwǔ tiān ba.

王明　太感谢了。
Tài gǎnxiè le.

지불 기간을 연장하기로 했습니다.

Grammar & Pattern

1 但是我觉得这次报价不太合理。
하지만 저는 이번 오퍼가 비합리적이라고 생각합니다.

여기에서 觉得는 '~라고 느끼다, ~라고 생각하다'를 의미한다. 즉, 자신이 마음 속에서 생각하고 느껴진 것을 언급하는 것이다.

Ex 你觉得新产品怎么样? (신제품은 어떻다고 생각하십니까?)
我觉得品质不太好。 (품질이 별로 안 좋다고 생각합니다.)

觉得와 유사하지만 차이가 있는 문구로 以为가 있다.
以为는 '~인줄 알았다'라는 의미로 화자가 아닌 것을 잘못 생각했다는 것이다.
즉, 현실에 대한 착오를 말한다.

Ex 我以为会很便宜。 (저는 매우 저렴할 줄 알았다.)
我以为工厂会很小。 (나는 공장이 아주 작을 줄 알았다.)

2 与去年相比，每台贵了100美元。
작년과 비교를 하면 한 대당 100달러가 더 비싸다.

'与……相比'라는 구문은 '~와 비교해서'를 뜻한다. 대부분 문장에서 'A와 비교해서 어떠하다'의 형태로 쓰인다.

Ex 与美国相比还差得很远。 (미국과 비교를 하면 아직 차이가 크다.)
与韩国手机相比，这些产品的品质还很差。
(한국 휴대전화와 비교하면 이 제품들의 품질은 아직 많이 떨어진다.)
与去年6月份相比，今年贵了10美元。
(작년 6월과 비교하면 올해는 10달러가 더 비싸다.)

3 我们不得不加价。
우리는 어쩔 수 없이 가격을 올려야 한다.

不得不는 '어쩔 수 없이, 부득불, 반드시'를 뜻한다. 즉 다른 방법이 없이 그렇게 할 수 밖에 없을 때 문장에서 不得不로 표현한다.

Ex 我**不得不**涨价。(나는 어쩔 수 없이 가격을 올려야 한다.)
品质有问题，我们**不得不**取消合同。
(품질에 문제가 있으니, 우리는 어쩔 수 없이 계약을 취소해야 한다.)

이와 유사한 의미로 不得已가 있는데, 본문 상황에서는 '어찌할 수 없어서, 그렇게 하지 않을 수 없어서'를 뜻한다.

Ex 我是**不得已**才取消合同的。(나는 어찌할 수 없어서 계약을 취소한 것이다.)
他是**不得已**才离开公司的。(그는 어찌할 수 없어서 회사를 떠난 것이다.)

4 别的方面能不能给一点适当的优惠?
다른 부분에서 적절한 특혜를 줄 수 없나요?

能은 '~할 수 있다, ~해도 된다'의 의미로 해석하는데, 같은 의미인 可以와 혼동하기 쉽다. 따라서 의미별로 살펴보자면
(1) 能과 可以는 '할 수 있다'의 의미를 가진다. 단, 어떤 일을 잘하는 능력을 나타날 때는 可以를 쓸 수 없다.

Ex 他**不能**写，但是很**能**说。(그는 못 쓰지만 말은 아주 잘한다.)

Ex 今天有聚会，你**能**(**可以**)来吗? (오늘 모임이 있는데 올 수 있나요?)

Tip 가능성이 있는지 없는지를 물어볼 때는 能과 可以를 모두 쓸 수 있다.

(2) 能과 可以는 '해도 된다'의 의미를 가진다. 단, 건의를 나타날 때 能을 쓸 수 없다.

Ex 我们**可以**先谈判。(우리는 먼저 협상할 수 있어요.)

Tip 허가를 구할 때 두 단어는 호환가능 能과 可以를 모두 쓸 수 있다.

Ex 我**能**(**可以**)进去吗? (내가 들어갈 수 있나요?)

5 现在是T/T 15天。
지금은 T/T 15일

T/T는 Telegraphic Transfer의 약자이다. 즉 T/T 는 무역결제 중 송금방식의 한 가지이다. 이는 Telegraphic Transfer는 전신환 송금으로 수입대금의 지급을 은행을 통해 전신 또는 텔렉스를 이용하여 송금하는 방식을 말한다.

6 我们希望账期越长越好。
지불 기간이 길수록 좋아요.

'越……越……'는 '~하면 할수록 ~하다'를 뜻한다. 조건에 따라서 정도가 더욱 증가됨을 나타내는 구문으로 越长越는 '(기간이나 길이가) 길수록'을 의미한다.

Ex 汽车越长越好。 (자동차는 길면 길수록 좋다.)
交货时间越快越好。 (납기 기간은 빠르면 빠를수록 좋다.)

Voca plus+

1 제품관련

(1) 样品 yàngpǐn 샘플
(2) 次品 cìpǐn 불량품
(3) 质量 zhìliàng 품질
(4) 检验 jiǎnyàn 검사하다
(5) 合格 hégé 합격하다

2 무역사고관련

(1) 索赔 suǒpéi 배상청구
(2) 运送事故 yùnsòngshìgù 운송사고
(3) 海上保险 hǎishàng bǎoxiǎn 해상보험
(4) 意外险 yìwàixiǎn 상해보험
(5) 亏损 kuīsǔn 손해
(6) 责任 zérèn 책임
(7) 破产 pòchǎn 파산
(8) 仲裁 zhòngcái 중재
(9) 索赔 suǒpéi 크레임

Speaking Practice

Hint ❶ 报价　❷ 不得不　❸ 一流　❹ 如果

김영호	안녕하세요. 왕 사장님, 우리 회사의 ❶오퍼를 받으셨습니까?
왕밍	받았습니다. 하지만 저는 이번 오퍼가 비합리적이라고 생각합니다. 작년과 비교를 하면 한 대당 100달러가 더 비싸졌어요.
김영호	최근에 원재료의 가격이 많이 올라서 저희들이 ❷어쩔 수 없이 가격을 올려야 합니다.
왕밍	이번 오퍼의 가격은 본선 인도조건(FOB)인가요?
김영호	맞습니다. 하지만 우리의 품질과 애프터 서비스 모두 한국이 ❸일류라는 것 당신도 아시잖아요.
왕밍	저희가 단골고객인데 ❹만약 가격을 수정할 수 없으면 다른 면에서 적절한 특혜를 줄 수 없나요?
김영호	음, 이것은 저희들이 회의를 통해 고려해 봐야 합니다.
왕밍	좋아요, 그럼 진지하게 고려해 보십시오. 소식 기다리겠습니다.

 메모를 하면서 중국어 문장을 만들어 보세요.

2

 ❶ 一直　❷ 账期　❸ 对　❹ 越长越

김영호　안녕하세요. 왕 사장님.

왕밍　안녕하세요. 김 팀장님, ❶계속 당신 소식을 기다리고 있습니다.

김영호　저희들이 회의를 통해 고려해 보았습니다. 당신에게 ❷지불기간을 연장해
드리기로 했습니다. 당신 생각은 어떻습니까?

왕밍　좋아요, 정말 좋습니다.

김영호　지금은 T/T 15일, 맞습니까? 30일까지 연장하겠습니다.

왕밍　김 팀장님, 가격 상승은 저희❸에게 부담이 크기 때문에 지불기간이
❹길면 길수록 좋습니다.

김영호　좋아요, 우리는 오랜 친구이기에 45일로 할게요.

왕밍　정말 감사합니다.

 메모를 하면서 중국어 문장을 만들어 보세요.

중국의 협상문화와 협상전략

중국 비즈니스에서는 협상(協商)이라고 하는 대신 담판(談判)이라 흔히 칭한다. 협상은 중국어에서 서로의 의향을 파악하는 단계에 있지만, 담판은 '타당성 조사부터 계약의 내용 조정까지' 포함되며 우리가 이해하고 있는 협상은 중국에서는 담판이라 한다.

1 중국 비즈니스맨의 협상 특징

(1) 협상에 임하는 중국 관계자들은 가끔 간편한 복장을 하고 나올 수 있지만, 회의의 형식은 엄격하고 심사숙고하여 의사결정을 내리게 된다.

(2) 중국 비즈니스맨에게 협상은 장기적 거래를 시작하는 단계이다. 외국 관계자들은 일반적으로 협상에서 원하는 결과를 얻기 위해 계약서에 세부적인 내용까지 포함시켜 협상의 태도를 보이지만 중국인은 당장의 비즈니스 파트너 관계보다 장기적인 신뢰를 중시하는 입장이다.

즉 아직 많은 기업인들이 시장원리보다 인간관계를 우선시 한다.

(3) 중국 비즈니스맨이 가장 싫어하는 것은 외국관계자가 만나는 첫날부터 계약서의 세부사항에 대해 언급 및 협상을 하는 방식이다.

중국에서는 접대가 거래의 핵심이다. 그래서 호감이나 친밀도를 향상하는 것이 첫 단계이고, 그 다음 단계가 업무에 대한 협상이라고 할 수 있다.

(4) 중국 비즈니스맨이 얘기하는 협상 결론 중 애매모호한 답변이 있다.

　- 研究一下。 Yánjiū yíxià. (연구해 볼게요.)

　상대방의 제안을 재고하겠다는 의사표시이다.

　- 再说吧! Zài shuō ba! (다시 논의합시다!)

　협상을 계속하고 싶지 않다는 의사표시이다.

2 중국 지역별 협상문화의 특징

(1) 베이징

방어적이고 보수적이며, 격식을 중시하고, 업무를 처리하는데 있어서 원칙보다는 '꽌시(인맥), 우정'이 앞선다. 서명 후에 여러 가지 문제점을 제기하는 사례들이 많다.

(2) 원저우와 상하이

중국의 유태인이라 부를 만큼 완고한 현실주의자 성향으로, 협상할 때 실리 위주로 매우 치밀하고 계산적이다. 서명 후에는 계약서를 잘 준수한다.

(3) 광동

베이징과 반대로 우정보다는 실리를 중시하며, 원칙에 따라 냉정하게 협상에 임하지만 성실도가 높아서 업무를 추진하는 데는 큰 문제가 없고 계약을 잘 준수한다.

12 机场欢送
공항배웅

비즈니스 협상이 끝나고 일을 모두 마친 바이어들은 출국을 하게 되는데요. 상대방을 공항까지 배웅하면서 마지막까지 좋은 이미지를 남기며 유종의 미를 거두는 것이 중요합니다. 공항에서 배웅할 때 상대방에게 감사의 표현도 할 겸 파트너십을 돈독하게 하자는 의미로 부담스럽지 않은 선에서 선물을 하는 것도 좋은데요. 중국인들이 선호하는 선물 리스트나 중국의 선물 문화를 알면 준비하기가 더욱 쉽겠죠?

New Words

— **机场** jīchǎng 명 공항

— **段** duàn 양 단락, 토막

— **多亏** duōkuī 동 은혜를 입다, 덕분이다

— **照顾** zhàogù 동 보살피다

— **合作** hézuò 동 합작하다

— **成功** chénggōng 동 성공하다

— **留** liú 동 머무르다, 묵다

— **四处转转** sìchù zhuànzhuan 여기저기 돌아다니다

— **爱人** àiren 명 남편 혹은 아내, 배우자

— **件** jiàn 양 건, 개

— **礼物** lǐwù 명 선물

— **心意** xīnyì 명 마음, 성의

— **后会有期** hòuhuì yǒuqī 성 재회할 날이 또 있다

— **办理** bànlǐ 동 처리하다

— **出示** chūshì 동 제시하다

— **护照** hùzhào 명 여권

— **电子机票** diànzǐ jīpiào 명 전자 항공권

— **托运** tuōyùn 동 탁송하다

— **行李** xíngli 명 짐, 수하물

— **传送带** chuánsòngdài 명 컨베이어 벨트

— **共** gòng 부 전부, 모두

— **箱子** xiāngzi 명 상자, 박스

— **超重** chāozhòng 동 과적하다

— **补交** bǔjiāo 동 사후에 추가로 내다

— **登机牌** dēngjīpái 명 탑승권

— **旅途愉快** lǚtú yúkuài 즐거운 여행길 되세요

Dialogue

1

상황 1   한국에서의 비즈니스를 마친 왕밍 사장은 중국에 돌아가려고 공항
에 왔다. 오성전자의 김영호 사장은 왕밍 사장을 배웅한다.

나중에 또 뵙겠습니다.

王明   金经理， 谢谢您送我到机场，
　　　 Jīn jīnglǐ, xièxie nín sòng wǒ dào jīchǎng,

　　　 这段时间❶多亏了您的照顾。
　　　 Zhè duàn shíjiān duōkuī le nín de zhàogù.

金永浩 哪儿的话，下次去中国，❷还要麻烦您。
　　　 Nǎr de huà, xiàcì qù Zhōngguó, hái yào máfan nín.

王明   随时欢迎，这次我们的合作成功，
　　　 Suíshí huānyíng, zhècì wǒmen de hézuò chénggōng,

　　　 要感谢您的帮助。
　　　 yào gǎnxiè nín de bāngzhù.

金永浩 不客气，我们互相帮助。
　　　 Bú kèqi, wǒmen hùxiāng bāngzhù.

　　　 ❸如果您能多留两天就好了， 我可以带您去四处转转。
　　　 Rúguǒ nín néng duō liú liǎng tiān jiù hǎo le, wǒ kěyǐ dài nín qù sìchù zhuànzhuan.

王明   谢谢，下次我和我的爱人一起来韩国玩儿。
　　　 Xièxie, xiàcì wǒ hé wǒ de àiren yìqǐ lái Hánguó wánr.

金永浩 好的，❹到时候我来安排。
　　　 Hǎode, dào shíhou wǒ lái ānpái.

　　　 我有一件小礼物送给您，是我的一点心意。
　　　 Wǒ yǒu yí jiàn xiǎo lǐwù sòng gěi nín, shì wǒ de yìdiǎn xīnyì.

王明   这怎么❺好意思? 太感谢了*。
　　　 Zhè zěnme hǎoyìsi? Tài gǎnxiè le.

金永浩 我们❻后会有期，再见!
　　　 Wǒmen hòuhuì yǒuqī, zàijiàn!

> **Tip** 중국에서 这怎么好
> 意思? 太感谢了。이런
> 표현은 일종의 형식적인
> 인사말로 실제는 받아들
> 인다는 표현임

2

상황 2　왕밍 사장은 공항 티켓 발권을 하면서 비행기에 짐을 싣고 있다.

王明　您好，请给我办理登机手续。
Nín hǎo, qǐng gěi wǒ bànlǐ dēngjī shǒuxù.

机场人员　请出示您的护照。
Qǐng chūshì nín de hùzhào.

王明　这是我的护照和电子机票。
Zhè shì wǒ de hùzhào hé diànzǐ jīpiào.

机场人员　请您把托运的行李放在传送带上。
Qǐng nín bǎ tuōyùn de xíngli fàng zài chuánsòngdài shàng.

王明　好的，一共两个箱子。
Hǎode, yígòng liǎng ge xiāngzi.

机场人员　不好意思，您超重了。
Bù hǎoyìsi, nín chāozhòng le.

王明　我需要补交多少钱?
Wǒ xūyào bǔjiāo duōshao qián?

机场人员　补交150美元，谢谢。
Bǔjiāo yìbǎ iwǔshí Měiyuán, xièxie.

这儿是您的登机牌，祝您旅途愉快。
Zhèr shì nín de dēngjīpái, zhù nín lǚtú yúkuài.

무게가 초과되었어요.

Grammar & Pattern

1 这段时间多亏了您的照顾。
이 기간 동안 당신 덕분에 보살핌을 받았습니다.

多亏는 동사로 '덕분이다, 은혜를 입다'라는 뜻이고 亏는 부사로 '덕분, 다행히'의 의미를 가진다. 多亏는 감사의 뜻이 포함되어 있어 상대방의 도움을 통하여 좋은 결과나 느낌을 받을 때 쓰인다.

이와 혼동하기 쉬운 부사 幸亏(다행이다)가 있는데 幸亏는 어떤 이유로 인하여 다행이라는 뜻을 나타낸다.

Ex 这次**多亏**您的帮助，我们解决了出口问题。
(이번에 다행히 당신의 도움으로 우리는 수출문제를 해결했습니다.)
多亏了您的照顾，爸爸的病好转了。(당신의 보살핌 덕분에 아버지의 병이 호전됐다.)
幸亏昨天没下雨，我们玩得很开心。(어제 다행히 비가 내리지 않아서 재미있게 놀았다.)

2 下次去中国，还要麻烦您。
다음에 중국 가면 또 당신에게 신세를 져야 합니다.

还는 발음이 두 개가 있다. 하나는 还hái(여전히, 아직도), 다른 하나는 还huán" (돌려주다, 환원하다)이다.

Ex 我**还**在公司工作。(나는 아직 회사에서 근무를 하고 있다.)
还你书。(당신에게 책을 돌려준다.)

본문의 还要는 '还+동사'의 구조로 '또, 더'를 뜻한다.

Ex 下班以后，我**还要**见客户。(퇴근 후에 나는 고객도 만나야 한다.)
我**还要**去公司工作。(나는 또 회사에 가서 일을 해야 한다.)

'比……还'라는 구문은 '~보다 더'의 의미를 나타낸다.

Ex A公司的电视**比**B公司的**还**好。(A회사의 TV는 B회사의 TV보다 더 좋다.)
这个产品**比**那个**还**贵。(이 제품은 저 제품보다 더 비싸다.)

3 如果您能多留两天就好了。
만일 당신이 이틀 더 묵을 수 있다면 좋을 텐데요.

如果……就는 '만일 ~한다면'를 뜻한다.
如果 뒤에는 어떤 조건을 제시하고 就 뒤에는 주어진 조건에 따른 결과를 이끌어 낸다.

> **Ex** **如果**你没有时间，**就**不用去了。
> (만일 당신이 시간이 없다면 가지 않아도 돼요.)
> **如果**你能多留几天，我**就**带你去济州岛。
> (만일 당신이 며칠 더 묵을 수 있다면, 같이 제주도에 갈 텐데요.)
> **如果**你努力工作，我**就**给你加薪。
> (만일 당신이 열심히 일한다면 내가 당신에게 월급을 올려줄 텐데.)

4 到时候我来安排。
그 때가서 제가 안배를 하겠습니다.

到는 '도달하다'를 의미하고 时候는 '시기'를 의미하며, 到时候는 '그때 가서, 그 때가 되면'의 뜻이 된다.

> **Ex** **到时候**再说吧！(그때 가서 또 얘기해요!)
> **到时候**你就知道了。(그때가 되면 당신은 알거에요.)

이와 비슷한 문구로는 到什么时候(언제까지), 到此为止(여기까지) 등이 있다.

> **Ex** 我们工作**到什么时候**？(우리는 언제까지 일을 해야 하나요?)
> 今天的工作**到此为止**。(오늘의 일은 여기까지 끝내겠습니다.)

5 这怎么好意思?
송구스럽게 이렇게 받아도 괜찮겠습니까?

好意思는 '부끄럽지 않다, 쑥스럽지 않다'로 풀이된다.
意思(의미) 앞에 오는 동사에 따라 의미가 많이 달라진다. 예컨대, 有意思는 '재미있다'를 뜻하고 小意思는 '작은 성의, 사소한 것'이라는 의미를 내포하고 있다.

Ex 你怎么好意思不买票呢? (어떻게 뻔뻔스럽게 티켓을 구매하지 않는 거니?)

这部电影很有意思。 (이 영화는 매우 재미있다.)

这对于我来说小意思。 (이것은 나한테는 별 거 아니야.)

6 后会有期。
재회할 날이 또 있다.

后会有期는 중국 비즈니스뿐만 아니라 우정 등 관계에서 오랜 시간 동안 이별할 때 쓰인다. 본 문구는 '다음에 또 만나고 싶은 생각'을 나타낸다.

Ex 你去美国以后经常通电话，后会有期。
(미국에 간 후 자주 통화해요, 후에 다시 만납시다.)

您多保重，后会有期。
(건강 조심 하시고, 다시 또 만나요.)

Voca plus+

 CD-54

1 중국과 한국 항공사

(1) 中国东方航空 Zhōngguó dōngfāng hángkōng 중국동방항공(MU)

(2) 中国南方航空 Zhōngguó nánfāng hángkōng 중국남방항공(CZ)

(3 中国国际航空 Zhōngguó guójì hángkōng 중국국제항공(Air China)

(4) 大韩航空 Dàhán hángkōng 대한항공

(5) 韩亚航空 Hányà hángkōng 아시아나 항공

2 비행기 탑승관련

(1) 头等舱 tóuděngcāng 일등석

(2) 商务舱 shāngwùcāng 비즈니스석

(3) 经济舱 jīngjìcāng 일반석

(4) 安检 ānjiǎn 안전검사

(5) 登机口 dēngjīkǒu 탑승 게이트

(6) 入境卡 rùjìngkǎ 입국신고서

(7) 出境卡 chūjìngkǎ 출국신고서

(8) 手续 shǒuxù 수속하다

(9) 单程票 dānchéng piào 편도티켓

(10) 往返票 wǎngfǎn piào 왕복티켓

Speaking Practice

1

 Hint   ❶ 多亏   ❷ 还要   ❸ 如果   ❹ 好意思

왕밍   김 팀장님, 공항까지 배웅해 주셔서 감사합니다.
이 기간 동안 당신 ❶덕분에 많은 보살핌을 받았습니다.

김영호   별말씀을요. 다음에 제가 중국 가면 ❷또 신세를 져야 할 텐데요.

왕밍   언제든지 환영합니다 우리가 이번 합작에서 성공할 수 있게 도와주셔서
감사드립니다.

김영호   아닙니다, 우리가 서로 도와야죠. ❸만일 당신이 이틀 더 묵을 수 있다면 좋
을 텐데요. 제가 같이 모시고 여기저기 돌아다닐 수 있죠.

왕밍   감사합니다. 다음에는 제 아내와 같이 한국으로 놀러 오겠습니다.

김영호   좋아요, 그때에는 제가 안내하겠습니다.
제가 작은 선물을 왕 사장님께 드리려고 합니다.
이것은 저의 작은 정성입니다.

왕밍   ❹송구스럽게 이렇게 받아도 괜찮겠습니까? 감사합니다.

김영호   나중에 또 뵙겠습니다. 안녕히 가십시오!

 메모를 하면서 중국어 문장을 만들어 보세요.

2

Hint ❶ 登机 ❷ 出示 ❸ 超重 ❹ 补交

왕밍　　　안녕하세요, 제가 ❶탑승수속을 하려고 합니다.

공항직원　여권을 ❷제시해 주십시오.

왕밍　　　이것은 제 여권과 전자티켓입니다.

공항직원　탁송할 짐을 컨베이어 벨트에 올려 주세요.

왕밍　　　네, 트렁크가 모두 두 개 있습니다.

공항직원　죄송하지만 ❸무게가 초과되었습니다.

왕밍　　　❹추가로 얼마나 더 내야 되나요?

공항직원　총 150달러 더 내시면 됩니다. 감사합니다.
　　　　　탑승권은 여기 있습니다, 즐거운 여행 되세요.

메모를 하면서 중국어 문장을 만들어 보세요.

중국의 선물문화

중국 비즈니스에서 선물은 접대보다 더 대중적이고 중국인과의 만남은 선물교환부터 시작하여 선물의 활용에 따라 "꽌시" 성립의 승패가 좌우된다. 작은 선물이라도 서로 간의 정을 더 깊게 하는 역할을 한다. 그럼 중국인이 좋아하고 싫어하는 선물들을 살펴 보자.

1 중국인이 좋아하는 선물

(1) 담배와 술

중국의 담배는 한 보루에 위안화(RMB) 20원~2,000원까지 다양한 가격대를 형성하므로 담배를 통해 그 사람의 재력이나 사회적 지위를 파악할 수 있다.

마찬가지로 중국의 백주(고량주)도 원화로 몇백 원에서~몇백만 원까지 아주 큰 폭의 가격 차이로 어떤 술을 마시는 지에 따라 그 사람의 사회적 지위를 어느 정도 알 수 있다. 따라서 좋은 담배와 술은 중국인이 선호하는 선물 중 하나이다.

(2) 남성은 벨트, 여성은 백 등 액세서리

남성이 선호하는 선물은 명품 손목시계나 가죽 벨트, 여성은 명품 가방, 액세서리, 향수 등을 선호한다. 다음은 중국 부자들이 선호하는 선물 브랜드 TOP 15이다.

그 외 한국 선물 중 홍삼 및 인삼 제품은 대부분 선호하는 편이다.

순위	브랜드	종류	비율
1	루이비통	액세서리	13.9%
2	애플	전자제품	8.9%
3	에르메스	액세서리	7.2%
4	샤넬	의류, 액세서리, 향수	6.7%
5	까르띠에	보석, 시계	5.6%
6	구찌	액세서리	5.0%
7	몽블랑	펜, 액세서리	4.9%
8	아우디	액세서리	3.9%
9	버버리	의류, 액세서리	3.3%
10	샤또 라피뜨 로쉴드	주류	3.0%
11	알마니	의류, 액세서리	2.9%
12	프라다	의류, 액세서리	2.8%
13	마오타이	주류	2.2%
14	티파니	보석	1.9%
15	론진	시계	1.7%

2 중국인이 싫어하는 선물

(1) 钟(종) → 벽시계 등

중국어 '시계를 선물하다'를 送钟 sòng zhōng이라 발음하는 데 이것은 또 '임종을 지켜본다'를 뜻하는 送终 sòngzhōng과 발음이 같아서 벽시계는 선호하지 않는다. 반면 손목시계의 중국어 발음은 나쁜 뜻으로 해석하지 않으므로 손목시계는 선물해도 좋다.

(2) 부채와 우산

부채는 중국어로 扇子 shànzi, 우산은 중국어로 雨伞 yǔsǎn, 이 두 물건의 발음이 전부 '헤어짐'을 뜻하는 散 sǎn과 유사하므로 부채 혹은 우산을 선물하는 것은 비즈니스 파트너나 친구 간의 절교를 의미하기 때문에 피해야 하는 선물이다. 그 외 녹색 모자, 배, 신발 등도 선호하지 않는 선물이다.

중국에서는 선물을 준 사람 앞에서 직접 열어보지 않는다. 이유는 보는 앞에서 선물의 가치를 평가한다고 생각하기 때문이다.

	a	o	e	-i	i	u	ü	ai	ei	ao	ou	ia	ie	iao	iou (iu)	ua	uo	uai	uei (ui)
b	ba	bo			bi	bu		bai	bei	bao			bie	biao					
p	pa	po			pi	pu		pai	pei	pao	pou		pie	piao					
m	ma	mo	me		mi	mu		mai	mei	mao	mou		mie	miao	miu				
f	fa	fo				fu			fei		fou								
d	da		de		di	du		dai	dei	dao	dou		die	diao	diu		duo		dui
t	ta		te		ti	tu		tai		tao	tou		tie	tiao			tuo		tui
n	na		ne		ni	nu	nü	nai	nei	nao	nou		nie	niao	niu		nuo		
l	la		le		li	lu	lü	lai	lei	lao	lou	lia	lie	liao	liu		luo		
g	ga		ge			gu		gai	gei	gao	gou					gua	guo	guai	gui
k	ka		ke			ku		kai	kei	kao	kou					kua	kuo	kuai	kui
h	ha		he			hu		hai	hei	hao	hou					hua	huo	huai	hui
j					ji		ju					jia	jie	jiao	jiu				
q					qi		qu					qia	qie	qiao	qiu				
x					xi		xu					xia	xie	xiao	xiu				
z	za		ze	zi		zu		zai	zei	zao	zou						zuo		zui
c	ca		ce	ci		cu		cai		cao	cou						cuo		cui
s	sa		se	si		su		sai		sao	sou						suo		sui
zh	zha		zhe	zhi		zhu		zhai	zhei	zhao	zhou						zhua	zhuo	zhuai	zhui
ch	cha		che	chi		chu		chai		chao	chou						chua	chuo	chuai	chui
sh	sha		she	shi		shu		shai	shei	shao	shou						shua	shuo	shuai	shui
r			re	ri		ru				rao	rou						rua	ruo		rui
	a	o	e		yi	wu	yu	ai	ei	ao	ou	ya	ye	yao	you	wa	wo	wai	wei

	üe	an	en	ang	eng	ong	er	ian	in	iang	ing	iong	uan	uen (un)	uang	ueng	üan	ün
b		ban	ben	bang	beng			bian	bin		bing							
p		pan	pen	pang	peng			pian	pin		ping							
m		man	men	mang	meng			mian	min		ming							
f		fan	fen	fang	feng													
d		dan	den	dang	deng	dong		dian			ding		duan	dun				
t		tan		tang	teng	tong		tian			ting		tuan	tun				
n	nüe	nan	nen	nang	neng	nong		nian	nin	niang	ning		nuan					
l	lüe	lan		lang	leng	long		lian	lin	liang	ling		luan	lun				
g		gan	gen	gang	geng	gong							guan	gun	guang			
k		kan	ken	kang	keng	kong							kuan	kun	kuang			
h		han	hen	hang	heng	hong							huan	hun	huang			
j	jue							jian	jin	jiang	jing	jiong					juan	jun
q	que							qian	qin	qiang	qing	qiong					quan	qun
x	xue							xian	xin	xiang	xing	xiong					xuan	xun
z		zan	zen	zang	zeng	zong							zuan	zun				
c		can	cen	cang	ceng	cong							cuan	cun				
s		san	sen	sang	seng	song							suan	sun				
zh		zhan	zhen	zhang	zheng	zhong							zhuan	zhun	zhuang			
ch		chan	chen	chang	cheng	chong							chuan	chun	chuang			
sh		shan	shen	shang	sheng								shuan	shun	shuang			
r		ran	ren	rang	reng	rong							ruan	run				
	yue	an	en	ang	eng		er	yan	yin	yang	ying	yong	wan	wen	wang	weng	yuan	yun

* 가장 아래쪽에 있는 음절들은 해당 음절이 단독으로 쓰일 때의 표기법입니다.
* 감탄사에 나오는 음절들(ng, hng 등)은 생략하였습니다.

중국어뱅크

비즈니스
실무
중국어

BUSINESS

초·중급

워크북

陈卓·尹亨斌 지음

동양북스

중국어뱅크

비즈니스 실무 중국어

BUSINESS

陈卓, 尹亨斌 지음

1

워크북

동양북스

차 례

认识你的商务伙伴 비즈니스 파트너와의 첫만남
Exercise

1 아래의 그림을 보고 빈칸을 채워 넣으세요.

① 这是我的 ＿＿＿＿＿＿＿＿＿＿＿ ，很高兴认识你。

华丽电子有限公司
地址：xxxxxxxx 邮编：xxxxxxx
电话：xxxxxxx 传真：xxxxxx
E-mail:xxxxxxxxxxxxxxxxxxxxx
LOGO

王明
总经理

学校　　　　　　　名片　　　　　　　食堂

② ＿＿＿＿＿＿＿＿＿＿＿ 第一！

安全　　　　　　　学习　　　　　　　吃饭

4

2 주어진 중국어 단어를 한국어 표현에 맞게 배열하세요.

① 저는 오성전자 영업부의 김영호입니다.
五星电子, 我, 销售部的, 是, 金永浩

_____

② 당신을 어떻게 불러야 하나요?
您, 称呼, 怎么

_____

③ 만나서 반갑습니다.
高兴, 你, 认识, 很

_____

④ 이것은 제 명함입니다.
是, 这, 的, 我, 名片

_____

⑤ 다시 만나서 반갑습니다.
再, 很高兴, 您, 见到, 次

_____

⑥ 요즘 일은 어떻습니까?
工作, 您, 最近, 怎么样

_____

3 보기에서 알맞은 단어를 골라 문장을 완성해보세요.

보기	发展	请	互相	多	但是	原来

① _____ 您就是王总。

② _____ 多多指教。

③ 咱们 _____ 帮助。

④ 共同 _____ 。

⑤ _____ 太忙。

⑥ 请 _____ 注意身体。

4

주어진 중국어 단어를 이용하여 한자로 옮겨 쓰세요.

① 말씀 좀 여쭤볼게요. 베이징은 어떻게 가나요? (怎么)

_____

② 명함은 제 것입니다. (是……的)

_____

③ 나는 원래 선생입니다. (原来)

_____

④ 만나서 반갑습니다. 잘 부탁 드릴게요. (多多指教)

_____

⑤ 어서 들어오세요. (快)

_____

⑥ 안전이 제일입니다. (第一)

_____

5 아래의 빈칸에 알맞은 내용을 넣어 대화를 완성하세요.

① A: 我是华丽电子的王明。

B: _____

② A: 原来您就是王总。

B: _____

③ A: 初次见面，_____

B: 您好，多多指教。

④ A: _____

B: 非常忙。

⑤ A: _____

B: 金经理很好，谢谢。

⑥ A: 很高兴见到您。

B: _____

6 상황별 회화연습을 해보세요.

① 两人一组, 初次见面, 交换名片。

② 读名片

02 公司&工作介绍 회사&업무 소개
Exercise

1 아래의 그림을 보고 빈칸을 채워 넣으세요.

① 五星公司位于 _____。

工厂　　　　　　　　首尔市　　　　　　　　大厦

② 本公司共有9,000名 _____。

教师　　　　　　　　学生　　　　　　　　员工

2 주어진 중국어 단어를 한국어 표현에 맞게 배열하세요.

① 귀사를 간단하게 소개해 주세요.
一下, 介绍, 公司, 简单, 贵

_____

② 서울과 거리가 50분밖에 안 됩니다.
只有, 离, 分钟, 五十, 首尔

_____

③ 중국에 지사가 있나요?
有, 在, 分公司, 中国, 吗

_____

④ 당신은 어떤 업무를 하세요?
什么, 做, 您, 工作

_____

⑤ 저는 매달 중국으로 출장을 갑니다.
去, 中国出差, 我, 每月, 都

_____

⑥ 일은 많이 힘드시죠?
吧, 辛苦, 工作, 很

_____

3 보기 에서 알맞은 어휘를 골라 문장을 완성해보세요.

보기	拥有	只有	规模	非常	麻烦您	主要

① ＿＿＿＿＿＿＿＿＿＿，简单介绍一下贵公司。

② 在中国 ＿＿＿＿＿＿＿＿ 八家分公司。

③ 贵公司的 ＿＿＿＿＿＿＿＿ 很大啊！

④ 从水原到首尔 ＿＿＿＿＿＿＿＿ 三十分钟。

⑤ 他 ＿＿＿＿＿＿＿＿ 负责销售。

⑥ 我 ＿＿＿＿＿＿＿＿ 喜欢我的工作。

4 주어진 중국어 단어를 이용하여 한자로 옮겨 쓰세요.

① 저희 오성전자는 중국 칭따오에 위치해 있습니다. (位于)

_____

② 저는 중국시장과 미국시장을 담당하고 있습니다. (负责)

_____

③ 김 팀장님은 출장을 자주 가시나요? (常常)

_____

④ 그는 매년 한국으로 출장을 갑니다. (每年)

_____

⑤ 비록 업무스트레스는 많이 받지만, 저는 제 일을 좋아합니다.
(虽然……但是)

_____

⑥ 저는 재미있다고 생각합니다. (觉得)

_____

5 아래의 빈칸에 알맞은 내용을 넣어 대화를 완성하세요.

① A: 你们在韩国有分公司吗?

   B: _____

② A: _____

   B: 离工厂不远。

③ A: 他是不是很忙?

   B: _____

④ A: _____

   B: 我负责中国市场。

⑤ A: 工作辛苦吗?

   B: _____

⑥ A: 你喜欢你的工作吗?

   B: _____

6   상황별 회화연습을 해보세요.

① 两人一组, 介绍一下你的公司。

② 两人一组, 你做什么工作?

03 办公室用语 사무실 용어
Exercise

1 아래의 그림을 보고 빈칸을 채워 넣으세요.

① 我想复印 _____ 。

| 复印机 | 纸 | 材料 |

② 用 _____ 发给您。

| 电子邮件 | 电话 | 打印 |

2 주어진 중국어 단어를 한국어 표현에 맞게 배열하세요.

① 이 자료를 복사하고 싶어요.
一下，我想，复印，材料，这份

② 어떻게 사용하는지 제게 가르쳐 줄 수 있나요?
我，你，教，能，吗，怎么用

③ 복사기는 바로 저쪽에 있어요.
在，复印机，就，那边

④ 천만에요.
了，太，您，客气

⑤ 이메일로 보내 드릴까요?
您，发给，吗，电子邮件，用

⑥ 베이징의 주문서는 어떻게 진행되고 있나요?
订单，了，怎么样，北京的

3 보기 에서 알맞은 어휘를 골라 문장을 완성해보세요.

| 보기 | 整理 | 教 | 老客户 | 要 | 三份 | 正在 |

① 你能 ＿＿＿＿＿＿＿ 我怎么用吗?

② 刚才的会议记录 ＿＿＿＿＿＿＿ 一下给我。

③ 销售部 ＿＿＿＿＿＿＿ 协商中。

④ ＿＿＿＿＿＿＿ 尽快。

⑤ 这是咱们公司的 ＿＿＿＿＿＿＿ 了。

⑥ 给我 ＿＿＿＿＿＿＿ 牛肉。

4 주어진 중국어 단어를 이용하여 한자로 옮겨 쓰세요.

① 먼저 이것을 복사기에 넣어 주세요. (把)

_____

② 이메일은 나에 의해서 보내졌다. (被)

_____

③ 그 다음 저처럼 사용하세요. (跟……一样)

_____

④ 저는 한 달 후에 미국에 갑니다. (以后)

_____

⑤ 이후에 자주 번거롭게 할 지도 모르겠습니다. (说不定)

_____

⑥ 그는 지금 중국어 공부를 하고 있습니다. (正在)

_____

5 아래의 빈칸에 알맞은 내용을 넣어 대화를 완성하세요.

① A: _____

B: 没问题，我来教您吧。

② A: _____

B: 复印机就在这儿。

③ A: 用电子邮件发给您吗?

B: _____

④ A: 上海的订单怎么样了?

B: _____

⑤ A: 他们是不是咱们公司的老客户?

B: _____

⑥ A: _____

B: 我们10分钟以后去机场。

6 상황별 회화연습을 해보세요.

① 两人一组, 谈谈怎么用复印机。

② 两人一组, 谈谈会议记录。

04 机场迎接 공항마중
Exercise

1 아래의 그림을 보고 빈칸을 채워 넣으세요.

① 我们一起去 ＿＿＿＿＿＿＿＿＿ 接王总吧。

吃饭 机场 中国

② 我们六点在＿＿＿＿＿＿＿＿＿大堂见。

酒店 餐厅 快餐店

단어 大堂 명 로비, 홀

2 주어진 중국어 단어를 한국어 표현에 맞게 배열하세요.

① 한국에 오신 것을 환영합니다.
来，欢迎，韩国，您

___

② 김 팀장님이 제게 당신을 마중하라고 하셨습니다.
我，来，让，您，接，金经理

___

③ 저를 마중해 주서서 대단히 감사 드립니다.
我，接，来，你，感谢，十分

___

④ 비행기가 한 시간 연착했습니다.
小时，了，一个，晚点，飞机

___

⑤ 오시는 길은 순조로웠나요?
吗，顺利，路上

___

⑥ 제가 너무 급했습니다.
了，太，我，心急

___

3 보기 에서 알맞은 어휘를 골라 문장을 완성해보세요.

| 보기 | 不好 | 一切 | 不过 | 让 | 辛苦 | 别 |

① _____ 您久等。

② 真_____ 意思。

③ 一路上_____ 了。

④ _____ 其他的都很顺利。

⑤ 您_____ 急。

⑥ _____ 听您安排。

4 주어진 중국어 단어를 이용하여 한자로 옮겨 쓰세요.

① 나는 그에게 공항에 가서 당신을 마중하라고 시켰다. (让)

_____

② 나는 10점을 받았다. (十分)

_____

③ 나는 회사에 가서 왕 사장님을 마중한다. (接)

_____

④ 방법은 있지만 해결하기가 쉽지 않다. (不过)

_____

⑤ 우리는 지금 회사로 간다. (现在)

_____

⑥ 나는 먼저 호텔에 가서 잠깐 쉬고 공장으로 간다. (先……然后)

_____

5　아래의 빈칸에 알맞은 내용을 넣어 대화를 완성하세요.

① A: _____

　　B: 十分感谢你来接我。

② A: 不好意思，让您久等了。

　　B: _____

③ A: 路上顺利吗？

　　B: _____

④ A: _____

　　B: 我很期待与金经理见面。

⑤ A: 咱们现在就去公司谈产品问题吗？

　　B: _____

⑥ A: 我们先去宾馆，您看怎么样？

　　B: _____

6 상황별 회화연습을 해보세요.

① 两人一组, 谈谈 "接机"。

② 两人一组, 见到了金经理，说什么?

介绍行程安排 스케줄 소개
Exercise

1 아래의 그림을 보고 빈칸을 채워 넣으세요.

① 上午去明洞＿＿＿＿＿＿＿＿＿＿＿。

看电视   63大厦   购物

② 下午去参观＿＿＿＿＿＿＿＿＿＿＿。

游览   工厂   釜山

2 주어진 중국어 단어를 한국어 표현에 맞게 배열하세요.

① 존경하는 귀빈 여러분
各位，的，来宾，尊敬

_____

② 여러분이 우리 회사에 방문한 것을 환영합니다.
我们公司，来，各位，欢迎，访问

_____

③ 오후 한강을 유람합니다.
游览，去，下午，汉江

_____

④ 언제든지 제게 연락을 하세요.
联系，随时，我，请，与

_____

⑤ 제가 공장의 생산라인을 소개해 드리겠습니다.
工厂的，来，我，一下，生产线，介绍

_____

⑥ 우리는 공장을 견학한 후 자세하게 소개를 할 겁니다.
我们，会在，后，介绍，参观工厂，详细

_____

3 보기 에서 알맞은 어휘를 골라 문장을 완성해보세요.

| 보기 | 任何 | 下面 | 关于 | 协商 | 这样 | 共进 |

① _____ 由我来介绍一下日程安排。

② 晚上和我们金总_____ 晚餐。

③ 有_____问题。

④ 在首尔办公室进行价格_____。

⑤ _____新产品的情况

⑥ 原来是_____。

4 주어진 중국어 단어를 이용하여 한자로 옮겨 쓰세요.

① 운송료는 저희가 부담을 하겠습니다. (由……来)

_____

② 오전 서울 사무실에서 가격협상을 진행합니다. (进行)

_____

③ 나는 이 회사에 대하여 잘 알고 있습니다. (关于)

_____

④ 스케줄 안배에 대해 매우 만족스럽네요. (对于)

_____

⑤ 저는 원래 영업팀에 있었는데 지금은 무역팀으로 갔어요. (原来)

_____

⑥ 그는 원래부터 회사의 CEO였어요. (本来)

_____

5 아래의 빈칸에 알맞은 내용을 넣어 대화를 완성하세요.

① A: _____

B: 今天的日程安排是这样。

② A: _____

B: 下午去参观水原工厂。

③ A: 您喜欢观光，还是购物？

B: _____

④ A: 下午去游览汉江，可以吗？

B: _____

⑤ A: 有问题，请与我联系。

B: _____

⑥ A: 您能先介绍一下新产品的情况吗？

B: _____

6 상황별 회화연습을 해보세요.

① 两人一组，介绍日程安排。

② 两人一组，工厂里有什么新产品？

06 办公室电话 사무실 전화
Exercise

1 아래의 그림을 보고 빈칸을 채워 넣으세요.

① 这儿是五星公司_____。

销售人员

汽车

销售部

② 我确认了_____。

装箱单

电脑

电话

2 주어진 중국어 단어를 한국어 표현에 맞게 배열하세요.

① 그는 지금 안 계십니다.
在，现在，不，他

② 한번 확인해 보고 싶습니다.
一下，我，确认，想

③ 포장명세서에 문제가 있나요?
没有，问题，有，装箱单

④ 이 과장님에게 다시 전화를 드리라고 하겠습니다.
您，电话，请，回，给，李科长

⑤ 이번에는 출고량이 매우 많습니다.
大，这次，出货量，很

⑥ 시간이 나면 제가 귀사에 찾아 뵙겠습니다.
您，我，拜访，贵公司，有时间，去

3 보기 에서 알맞은 어휘를 골라 문장을 완성해보세요.

| 보기 | 多 | 找 | 想 | 需要 | 问题 | 下次 |

① 您＿＿＿＿＿＿＿哪位?

② 那,＿＿＿＿＿＿＿我帮您转达吗?

③ 陈华＿＿＿＿＿＿＿确认一下。

④ 装箱单没有＿＿＿＿＿＿＿。

⑤ 请您＿＿＿＿＿＿＿操心。

⑥ 我们＿＿＿＿＿＿＿见。

4 주어진 중국어 단어를 이용하여 한자로 옮겨 쓰세요.

① 김 사장님은 어느 분이신가요? (**哪位**)

_____

② 안부를 전해 주세요. (**转达**)

_____

③ 기타 부서에 전달하세요. (**传达**)

_____

④ 팩스를 한번 확인해 보세요. (**确认**)

_____

⑤ 이번 출고량은 얼마나 되나요? (**多少**)

_____

⑥ 우리는 수원 공장을 방문하러 갑니다. (**访问**)

_____

5 아래의 빈칸에 알맞은 내용을 넣어 대화를 완성하세요.

① A: _____

B: 我想找李科长。

② A: 请问陈华现在在吗?

B: _____

③ A: _____

B: 装箱单没有问题。

④ A: 需要我帮您转达吗?

B: _____

⑤ A: 请您多费心。

B: _____

⑥ A: 请王总给您回电话,好吗?

B: _____

6 상황별 회화연습을 해보세요.

① 两人一组, 给你的客户打电话。

② 两人一组, 回电话。

07 贸易实务(1) 报盘与还盘
무역실무(1) 오퍼와 카운터 오퍼
Exercise

1 아래의 그림을 보고 빈칸을 채워 넣으세요.

① 我们的 _____ 如下。

| 报盘 | 自行车 | 讨价还价 |

② 这份是本公司的 _____ 。

美元　　　　　　还盘　　　　　　贸易

2 주어진 중국어 단어를 한국어 표현에 맞게 배열하세요.

① 화리전자 유한회사 산악자전거
公司，电子，华丽，自行车，有限，山地

_____

② 신용장 도착 후 10일 이내
后，信用证，10天，到达，内

_____

③ 2014년 3월 6일까지
三月，二零一四年，到，六日

_____

④ 귀사가 이상의 오퍼를 받아들이기 바랍니다.
以上，望，接受，报盘，能，贵方

_____

⑤ 귀사의 주문서를 빨리 받았으면 좋겠습니다.
盼，收到，订单，贵公司的，早日

_____

⑥ 최대한 빨리 다시 견적을 내주시기 바랍니다.
报价，望，次，再，尽快

_____

3 보기 에서 알맞은 어휘를 골라 문장을 완성해보세요.

보기	支付	装船期	实盘	有效期	即期	以上

① 本公司的＿＿＿＿＿＿＿ 到7月10日有效。

② ＿＿＿＿＿＿＿ 价格为CIF釜山价格。

③ ＿＿＿＿＿＿＿ 条件。

④ ＿＿＿＿＿＿＿ 信用证。

⑤ ＿＿＿＿＿＿＿ 为3天后。

⑥ ＿＿＿＿＿＿＿ 到2014年10月10日。

4 주어진 중국어 단어를 이용하여 한자로 옮겨 쓰세요.

① 회사에서 14인치의 노트북을 5대 주문했습니다. (英寸)

_____

② 귀사의 요구에 의거하여 우리의 견적은 다음과 같습니다. (根据)

_____

③ 비록 귀사 자전거의 품질에 대해서는 만족하지만
　 가격이 너무 높습니다. (虽然……但是……)

_____

④ 왕 사장님은 이번 오퍼 가격이 높다고 생각합니다. (认为)

_____

⑤ 죄송합니다. 저는 미국산인줄 알았어요. (以为)

_____

⑥ 가격을 5% 인하주세요. 그렇지 않으면 우리가 오퍼를 받아들일 수 없
　 습니다.
　 (除非……否则……)

_____

아래의 빈칸에 알맞은 내용을 넣어 대화를 완성하세요.

① A: _____

B: 20英寸女士：＄27/辆。

② A: 贵公司有什么产品?

B: _____

③ A: 支付条件是什么?

B: _____

④ A: 有效期到什么时候?

B: _____

⑤ A: _____

B: 我们觉得贵公司的报价太高。

⑥ A: 你们可不可以减价10%?

B: _____

6　상황별 회화연습을 해보세요.

① 两人一组, 谈谈"报价"。

② 两人一组, 进行还盘。

08 贸易实务(2) 国际贸易买卖合同
무역실무(2) 국제무역 매매계약서

Exercise

1 아래의 그림을 보고 빈칸을 채워 넣으세요.

① 现在签订＿＿＿＿＿＿＿＿＿＿吧。

签字

电子产品

合同

② 凭＿＿＿＿＿＿＿＿＿＿交易。

样品

订购单

单据

2 주어진 중국어 단어를 한국어 표현에 맞게 배열하세요.

① 국제무역 매매계약서 중

貿易, 中, 买卖, 国际, 合同

_____

② 제일 기본적인 5대 조항

的, 最, 条款, 五大, 基本

_____

③ 일반상황에서의 현재 매매계약서

下, 合同, 当今, 一般, 买卖, 情况

_____

④ 가장 자주 보이는 계약서는 주문서 형식이다.

订单, 常见的, 是, 形式, 合同, 最

_____

⑤ 앞에서 말한 5대 기본 조항은 반드시 포함되어야 한다.

五大, 包含, 条款, 应该, 基本, 上述的

_____

⑥ 수량조항 및 가격조항

条款, 及, 数量, 条款, 价格

_____

3 에서 알맞은 어휘를 골라 문장을 완성해보세요.

| 보기 | 目的 | 下列 | 签字 | 单据 | 买卖 | 购进 |

① 按 _____ 条款出售。

② 买方 _____ 下列产品。

③ 装运 _____ 。

④ _____ 合同。

⑤ _____ 口岸。

⑥ 请卖方与买方 _____ 。

4 주어진 중국어 단어를 이용하여 한자로 옮겨 쓰세요.

① 제게 발주서를 보내 주십시오. (订购单)

_____

② 저희의 품질은 어디보다도 좋습니다. (比……都)

_____

③ 이번 제품의 품질 조항은 견본품을 기준으로 한다. (样品)

_____

④ 분할선적 및 환적을 허용한다. (及)

_____

⑤ 아래의 조항대로 판매를 한다. (按)

_____

⑥ 계약서의 체결시기는 2014년 4월 18일이다. (签订)

_____

5 아래의 빈칸에 알맞은 내용을 넣어 대화를 완성하세요.

① A: _____

B: DMC-AEC367。

② A: _____

B: 一共72,000 PCS。

③ A: _____

B: $ 55.75 U/P CIF 青岛。

④ A: _____

B: 干冰。

⑤ A: 有什么装运单据?

B: _____

⑥ A: _____

B: 韩国仁川。

6 상황별 회화연습을 해보세요.

① 两人一组, 谈谈"国际买卖合同的基本条款"是什么

② 两人一组, 翻译下面的"订购单"。

PURCHASE ORDER (발주서)

A. Messrs. (수신자)	Person in Charge (담당자)		B. Our Reference No. 본사 발주 번호	
Company 회사명	Devision 담당부서		C. Date: 발주일	
Address: (수신자 주소)			D. Our Contact 본사 담장자	

We are pleased to inform you that we place an order as the following (아래와 같이 주문합니다.)

E. ITEM MODEL (제품명)	F. DESCRIPTION (설명)	G-1. QUANTITY (수량)	G-2. UNIT 단위	H. UNIT PRICE 개별 가격	I. PRICE 합계 가격
	J. TOTAL AMOUNT (총 금액)				

K. Validity 유효기간	This Purchase order shall be ackowledged by e-mail within 7 days of ussuance. 발행일로부터 7일 이내에 이메일을 통해 승낙되어야 한다.

L. Delivery (Shipment); 인도 (선적)		O. Incoterms (적용되는 인코텀즈)	
M. Terms of Payment (지불조건)		P. Ultimate Destination 최종 목적지	
N. Insurance (보험)		Q. Carrier Nomination 운송인 지정어	

约饭局 식사약속
Exercise

1 아래의 그림을 보고 빈칸을 채워 넣으세요.

① 我想请您 _____ 。

开会   公司   喝酒

② 您几点 _____ ?

工作   下班   晚上

2 주어진 중국어 단어를 한국어 표현에 맞게 배열하세요.

① 리우 상무님, 정말 오랜만입니다.
不见, 真的, 刘, 好久, 总监

_____

② 제가 식사를 사드리고 싶습니다.
想, 吃饭, 我, 请, 您

_____

③ 내일 저는 중국으로 출장을 갈 겁니다.
出差, 去, 要, 中国, 明天, 我

_____

④ 당신은 언제 시간이 되시나요?
时间, 时候, 有, 什么, 您

_____

⑤ 제가 귀사에 가서 기다리겠습니다.
贵公司, 您, 我, 等, 去

_____

⑥ 우리는 고량주 마시러 갑니다.
白酒, 我们, 去, 就, 喝

_____

3 보기 에서 알맞은 어휘를 골라 문장을 완성해보세요.

| 보기 | 喜欢 | 才 | 大约 | 下周 | 得 | 一言 |

① 你过 _____ 怎么样?

② 我要去出差, 明天 _____ 回来。

③ _____ 五怎么样?

④ _____ 为定。

⑤ 您 _____ 喝什么酒?

⑥ 今天 _____ 七点下班。

4 주어진 중국어 단어를 이용하여 한자로 옮겨 쓰세요.

① 나는 왕 사장님의 신임을 얻었다. (得)

_____

② 나는 회사에 가서 일을 해야 합니다. (得)

_____

③ 하는 김에 이번 합작의 세부 사항도 의논해요. (順便)

_____

④ 나는 전화를 해서 예약을 할 것입니다. (要)

_____

⑤ 저는 방금 중국에서 돌아왔어요. (才)

_____

⑥ 그는 아마 술 마시는 것을 좋아하지 않을 겁니다. (大概)

_____

5 아래의 빈칸에 알맞은 내용을 넣어 대화를 완성하세요.

① A: 这个星期有时间吗?

B: _____

② A: _____

B: 我下周三有时间。

③ A: 明天我请你吃饭，怎么样?

B: _____

④ A: _____

B: 工作进行得很顺利。

⑤ A: 您几点下班?

B: _____

⑥ A: 您喜欢喝什么酒?

B: _____

6 상황별 회화연습을 해보세요.

① 两人一组，我想请您吃饭。

② 两人一组，约定时间，地点。

10 商务应酬 비즈니스 접대
Exercise

1 아래의 그림을 보고 빈칸을 채워 넣으세요.

① 我们去吃 _____ 吧。

北京烤鸭　　　　　咖啡　　　　　酒店

② 为我们的合作，_____ ！

白酒　　　　　干杯　　　　　啤酒

2 주어진 중국어 단어를 한국어 표현에 맞게 배열하세요.

① 당신은 오늘의 귀한 손님입니다.
是, 贵客, 您, 的, 今天

_____

② 천만의 말씀입니다.
太, 您, 了, 客气

_____

③ 저희가 특별히 이 레스토랑을 선택했습니다.
选在, 这个, 我们, 特意, 酒店

_____

④ 이곳의 오리구이가 제일 유명합니다.
最, 烤鸭, 有名, 这儿的

_____

⑤ 저는 고량주가 맛이 더 좋다고 생각합니다.
更, 觉得, 我, 香, 白酒

_____

⑥ 환대해 주셔서 감사합니다.
您的, 谢谢, 款待, 热情

_____

3 보기에서 알맞은 어휘를 골라 문장을 완성해보세요.

| 보기 | 贵客 | 费心 | 特意 | 合胃口 | 长久 | 敬 |

① 王总，今天的饭菜 _____ 吗?

② 来，我想 _____ 张总一杯。

③ 谢谢款待，让您 _____ 了。

④ 为了我们 _____ 合作，干杯!

⑤ 金总，好久不见，您可是 _____ 啊!

⑥ 这是我们 _____ 为您选的礼物。

4 주어진 중국어 단어를 이용하여 한자로 옮겨 쓰세요.

① 저는 고량주를 못 마시고 맥주만 조금 마실 수 있습니다. (只能)

_____

② 김 팀장님이 베이징 오리구이를 아주 좋아한다고 들었습니다. (听说)

_____

③ 왕 사장님의 주량이 정말 세네요. (不错)

_____

④ 이 요리는 제 입맛에 맞지 않습니다. (合胃口)

_____

⑤ 내일 베이징에 비가 내린다고 들었습니다. (据说)

_____

⑥ 과찬의 말씀이십니다. (过奖)

_____

5 아래의 빈칸에 알맞은 내용을 넣어 대화를 완성하세요.

① A: 张总, 您的酒量真不错。

B: _____

② A: 招待不周, 还请多谅解。

B: _____

③ A: 为我们的友谊干杯。

B: _____

④ A: _____

B: 我更喜欢喝啤酒。

⑤ A: _____

B: 味道好极了。

⑥ A: 请坐这儿, 您是今天的贵客。

B: _____

6 상황별 회화연습을 해보세요.

① 两人一组，问对方喜欢吃什么菜，喜欢喝什么酒?

② 两人一组，双方互相敬酒。

11 商务谈判 비즈니스 협상
Exercise

1 아래의 그림을 보고 빈칸을 채워 넣으세요.

① 您有没有收到 _____ ?

报价

原材料

价格

② 账期是 _____ 15天。

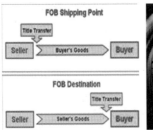

FOB

时间

T/T

2 주어진 중국어 단어를 한국어 표현에 맞게 배열하세요.

① 우리 회사의 오퍼를 받으셨습니까?

了, 我们公司的, 您, 吗, 收到, 报价

_____

② 저희들도 어쩔 수 없이 가격을 올려야 합니다.

加价, 不得不, 我们, 也

_____

③ 만약 가격을 수정할 수 없으면

改, 价格, 能, 如果, 不

_____

④ 저희들이 회의를 통해 고려해 봐야 합니다.

研究, 开会, 一下, 我们, 得

_____

⑤ 계속 당신의 소식을 기다리고 있습니다.

等, 消息, 一直, 您的, 在

_____

⑥ 당신에게 지불 기간을 연장해 드리기로 했습니다.

您, 账期, 决定, 延长, 给

_____

3 보기 에서 알맞은 어휘를 골라 문장을 완성해보세요.

보기	合理	账期	更	希望	适当	厉害

① 这次的报价不太 _____ 。

② 原材料上涨得 _____ 。

③ 每台 _____ 贵500美元。

④ 延长 _____ 。

⑤ 别的方面给一点 _____ 的优惠，可以吗?

⑥ 我们 _____ 账期越长越好。

4 주어진 중국어 단어를 이용하여 한자로 옮겨 쓰세요.

① 품질이 별로 좋지 않다고 생각합니다. (觉得)

_____

② 작년과 비교를 하면 한 대당 100달러가 더 비싸다. (与……相比)

_____

③ 나는 어쩔 수 없이 계약을 취소한 것이다. (不得已)

_____

④ 우리 회사의 제품 품질은 일류다. (一流)

_____

⑤ 우리는 먼저 협상할 수 있어요. (可以)

_____

⑥ 납기 기간은 빠르면 빠를수록 좋아요. (越快越)

_____

5 아래의 빈칸에 알맞은 내용을 넣어 대화를 완성하세요.

① A: _____

B: 昨天，我收到了贵公司的报价。

② A: _____

B: 原材料价格上涨，我们不得不加价。

③ A: 这次报价是离岸价格吗?

B: _____

④ A: 别的方面能不能给一点优惠?

B: _____

⑤ A: 现在是T/T 20天，对吗?

B: _____

⑥ A: 我给你延长到50天。

B: _____

6 상황별 회화연습을 해보세요.

① 两人一组, 进行价格协商。

② 两人一组, 谈谈延长多长时间的账期?

12 机场欢送 공항배웅
Exercise

1 아래의 그림을 보고 빈칸을 채워 넣으세요.

① 我有 _____ 送给您。

机场 礼物 韩国料理

② 请把您的 _____ 放在传送带上。

护照 登记牌 行李

2 주어진 중국어 단어를 한국어 표현에 맞게 배열하세요.

① 공항까지 배웅해 주서서 감사합니다.
到, 送, 您, 机场, 谢谢, 我

② 이 기간 동안 당신 덕분에 보살핌을 받았습니다.
多亏了, 照顾, 时间, 您的, 这段

③ 우리는 이번 합작에서 성공하였습니다.
合作, 了, 成功, 我们, 这次

④ 제가 모시고 곳곳을 다닐 수 있습니다.
带, 四处转转, 去, 我, 可以, 你

⑤ 제 아내와 같이 한국으로 놀러 오겠습니다.
我的爱人, 来, 和, 一起, 韩国玩, 我

⑥ 탑승권은 여기 있습니다. 즐거운 여행 되세요.
愉快, 登机牌, 祝您, 您的, 旅途, 这儿是

3 보기 에서 알맞은 어휘를 골라 문장을 완성해보세요.

| 보기 | 送 | 共 | 还要 | 心意 | 出示 | 互相 |

① 下次去中国，_____ 麻烦您。

② 我们_____ 帮助。

③ 我有一件小礼物_____ 给您。

④ 请收下吧，这是我的 _____ 。

⑤ 请_____ 您的护照。

⑥ 一_____ 两个箱子。

4 주어진 중국어 단어를 이용하여 한자로 옮겨 쓰세요.

① 이번에 다행히 당신의 도움으로 우리는 수출문제를 해결했습니다.
(多亏)

_____

② 퇴근 후에 나는 고객도 만나야 해요. (还要)

_____

③ 만일 당신이 시간이 없다면 가지 않아도 돼요. (如果)

_____

④ 그때 가서 또 얘기해요. (到时候)

_____

⑤ 어떻게 뻔뻔스럽게 티켓을 구매하지 않는 거니? (好意思)

_____

⑥ 추가로 얼마나 더 내야 되나요? (补交)

_____

5 아래의 빈칸에 알맞은 내용을 넣어 대화를 완성하세요.

① A: _____

B: 哪儿的话，下次我去中国，还要麻烦您。

② A: _____

B: 没关系，咱们互相帮助嘛!

③ A: _____

B: 这怎么好意思?

④ A: 小姐，您好，我要办理登记牌。

B: _____

⑤ A: _____

B: 一共两个箱子。

⑥ A: 您的行李超重了，需要补交钱。

B: _____

6 상황별 회화연습을 해보세요.

① 两人一组, 送你的客户去机场。

② 两人一组, 办理登记牌。

중국어뱅크

비즈니스 실무 중국어

1

워크북 정답

---

1 认识你的商务伙伴
비즈니스 파트너와의 첫만남

`4~9p`

1 ① 名片
② 安全

2 ① 我是五星电子销售部的金永浩。
② 您怎么称呼?
③ 很高兴认识你。
④ 这是我的名片。
⑤ 很高兴再次见到您。
⑥ 您最近工作怎么样?

3 ① 原来
② 请
③ 互相
④ 发展
⑤ 但是
⑥ 多

4 ① 请问北京怎么去? / 请问怎么去北京?
② 这是我的名片。
③ 我原来是老师。
④ 很高兴见到您,请多多指教。/
见到您很高兴,请多多指教。
⑤ 快请进。
⑥ 安全第一。

5 ① 我是五星电子的金永浩。
② 哪里哪里。
③ 多多指教。
④ 您忙吗?
⑤ 金经理好吗?
⑥ 我也是。

2 公司&工作介绍
회사&업무 소개

`10~15p`

1 ① 首尔市
② 员工

2 ① 简单介绍一下贵公司。
② 离首尔只有五十分钟。
③ 在中国有分公司吗?
④ 您做什么工作?
⑤ 我每月都去中国出差。
⑥ 工作很辛苦吧?

3 ① 麻烦您
② 拥有
③ 规模
④ 只有
⑤ 主要
⑥ 非常

4 ① 我们五星电子位于中国的青岛。
② 我负责中国市场与美国市场。
③ 金经理是不是常常出差?
④ 他每年都去韩国出差。
⑤ 虽然工作压力很大,但是我非常喜欢我的
工作。
⑥ 我觉得有意思。

5 ① 有,在首尔和水源。
② 离工厂远不远?
③ 对,他很忙。
④ 请问,您负责什么?
⑤ 虽然很辛苦,但是我非常喜欢我的工作。
⑥ 我很喜欢我的工作。

③ 办公室用语
사무실 용어

16~21p

1 ① 材料
② 电子邮件

2 ① 我想复印一下这份材料。
② 你能教我怎么用吗?
③ 复印机就在那边。
④ 您太客气了。
⑤ 用电子邮件发给您吗?
⑥ 北京的订单怎么样了?

3 ① 教
② 整理
③ 正在
④ 要
⑤ 老客户
⑥ 三份

4 ① 先把这个放进复印机。
② 电子邮件被我发了。
③ 然后跟我一样做。
④ 我一个月以后, 去美国。
⑤ 以后说不定得常麻烦您。
⑥ 他正在学习汉语。

5 ① 您能教我怎么用吗?
② 我想复印一下这份材料?
③ 是, 会议记录整理一下给我。
④ 销售部正协商呢?
⑤ 是, 他们是咱们公司的老客户。
⑥ 我们要尽快去机场。

④ 机场迎接
공항마중

22~27p

1 ① 机场
② 酒店

2 ① 欢迎您来韩国。
② 金经理让我来接您。
③ 十分感谢你来接我。
④ 飞机晚点了一个小时。
⑤ 路上顺利吗?
⑥ 我太心急了。

3 ① 让
② 不好
③ 辛苦
④ 不过
⑤ 别
⑥ 一切

4 ① 我让他去机场接您。
② 我得了十分。
③ 我去公司接王总。
④ 有办法, 不过不太容易解决。
⑤ 我们现在去公司。
⑥ 我先去宾馆休息一下, 然后去工厂。

5 ① 金经理让我来接您。
② 您太客气了。
③ 很顺利, 谢谢。
④ 您期待与金总见面吗?
⑤ 您别急, 您先休息一会儿, 然后再去吃晚饭。
⑥ 好的, 一切听您安排。

5 介绍行程安排

스케줄 소개

28~33p

1 ① 购物
② 工厂

2 ① 尊敬的各位来宾。
② 欢迎各位来访问我们公司。
③ 下午去汉江游览。
④ 请随时与我联系。
⑤ 我来介绍一下工厂的生产线。
⑥ 我们会在参观工厂后详细介绍。

3 ① 下面
② 共进
③ 任何
④ 协商
⑤ 关于
⑥ 这样

4 ① 运费由我们来承担。
② 上午在首尔办公室进行价格协商。
③ 关于这家公司，我很了解。
④ 我对于行程安排很满意。
⑤ 我原来在销售部，现在去贸易部了。
⑥ 他本来就是公司的总经理。

5 ① 今天的日程安排是什么？
② 下午有什么行程？
③ 我更喜欢购物。
④ 当然可以。
⑤ 谢谢您。
⑥ 关于新产品的情况，我们会在参观工厂后
详细介绍。

6 办公室电话

사무실 전화

34~39p

1 ① 销售部
② 装箱单

2 ① 他现在不在。
② 我想确认一下。
③ 装箱单有没有问题？
④ 请李科长给您回电话。
⑤ 这次出货量很大。
⑥ 有时间我去贵公司拜访您。

3 ① 找
② 需要
③ 想
④ 问题
⑤ 多
⑥ 下次

4 ① 金总是哪位？
② 请转达问候。
③ 请传达给其他部门。
④ 你确认一下传真。
⑤ 这批出货量有多少？
⑥ 我们去访问水源工厂。

5 ① 请问您找哪位？
② 她现在不在。
③ 装箱单有没有问题？
④ 好的，谢谢。
⑤ 您太客气了。
⑥ 好的，非常感谢。

7 贸易实务(1) 报盘与还盘

무역실무(1) 오퍼와 카운터 오퍼

40~45p

1 ① 报盘
② 还盘

2 ① 华丽电子有限公司山地自行车。
② 信用证到达后10天内。
③ 到二零一四年三月六日。
④ 望贵方能接受以上报盘。
⑤ 盼早日收到贵公司的订单。
⑥ 望尽快再次报价。

3 ① 实盘
② 以上
③ 支付
④ 即期
⑤ 装船期
⑥ 有效期

4 ① 公司订了五台14英寸的笔记本。
② 根据贵方要求，我们现报价如下。
③ 我们虽然非常满意贵公司自行车的质量，但是价格太高。
④ 王总认为这次报价太高。
⑤ 不好意思，我以为是美国产的。
⑥ 除非你们减价5%，否则我们无法接受报盘。

5 ① 请问20英寸女士的，每辆多少钱？
② 本公司有山地自行车。
③ 即期信用证，美元支付。
④ 到2014年3月6日
⑤ 您觉得我们的报价怎么样？
⑥ 我们可以考虑一下。

8 贸易实务(2) 国际贸易买卖合同

무역실무(2) 국제무역 매매계약서

46~51p

1 ① 合同
② 样品

2 ① 国际贸易买卖合同中。
② 最基本的五大条款。
③ 一般情况下，当今买卖合同。
④ 最常见的合同是订单形式。
⑤ 应该包含上述的五大基本条款。
⑥ 数量条款及价格条款。

3 ① 下列
② 购进
③ 单据
④ 买卖
⑤ 目的
⑥ 签字

4 ① 请发给我订购单。
② 我们的质量比哪儿都好。
③ 这次产品的质量以样品为准。
④ 允许分运及转运。
⑤ 按下列条款出售。
⑥ 签订合同的日期为2014年4月18日。

5 ① 品名及规格是什么？
② 数量一共多少？
③ 价格条件是什么？
④ 包装条件是什么？
⑤ 商业发票，装箱单，原产地证明，海运提单。
⑥ 装运口岸是哪儿？

9 约饭局
식사약속

52~57p

1 ① 喝酒
② 下班

2 ① 刘总监，真的好久不见。
② 我想请您吃饭。
③ 明天我要去中国出差。
④ 您什么时候有时间？
⑤ 我去贵公司等您。
⑥ 我们就去喝白酒。

3 ① 得
② 才
③ 下周
④ 一言
⑤ 喜欢
⑥ 大约

4 ① 我得到王总的信任。
② 我得去公司工作。
③ 顺便谈谈这次合作的细节。
④ 我要打电话预约。
⑤ 我才从中国回来。
⑥ 他大概不喜欢喝酒。

5 ① 不好意思，明天我要去中国出差。
② 您什么时候有时间？
③ 好的，没问题。
④ 工作进行得顺利吗？
⑤ 我七点下班。
⑥ 我喜欢喝白酒。

10 商务应酬
비즈니스 접대

58~63p

1 ① 北京烤鸭
② 干杯

2 ① 您是今天的贵客。
② 您太客气了。
③ 我们特意选在这个酒店。
④ 这儿的烤鸭最有名。
⑤ 我觉得白酒更香。
⑥ 谢谢您的热情款待。

3 ① 合胃口
② 敬
③ 费心
④ 长久
⑤ 贵客
⑥ 特意

4 ① 我不能喝白酒，只能喝一点啤酒。
② 听说金部长很喜欢吃北京烤鸭。
③ 王总的酒量真不错。
④ 这个饭菜不合我的胃口。
⑤ 据说明天北京要下雨。
⑥ 您过奖了。

5 ① 您过奖了。
② 来，为我们的长久合作干一杯。
③ 干杯。
④ 您喜欢喝白酒，还是啤酒？
⑤ 这儿的菜合您的胃口吗？
⑥ 您太客气了。

11 商务谈判
비즈니스 협상

64~69p

1
① 报价
② T / T

2
① 您收到我们公司的报价了吗?
② 我们也不得不加价。
③ 如果不能改价格。
④ 我们得开会研究一下。
⑤ 一直在等您的消息。
⑥ 决定给您延长账期。

3
① 合理
② 厉害
③ 更
④ 账期
⑤ 适当
⑥ 希望

4
① 我觉得品质不太好。
② 与去年相比，每台更贵100美元。
③ 我是不得已才取消合同的。
④ 我们公司的产品品质一流。
⑤ 我们可以先谈判。
⑥ 交货时间越快越好。

5
① 您收到我们公司的报价了吗?
② 贵公司一定要涨价吗?
③ 对，这次报价是离岸价格。
④ 嗯，这个我们得开会研究一下。
⑤ 对，没错。
⑥ 价格上涨对我们的压力很大，我们希望账期越长越好。

12 机场欢送
공항배웅

70~75p

1
① 礼物
② 行李

2
① 谢谢您送我到机场。
② 这段时间多亏了您的照顾。
③ 这次我们合作成功了。
④ 我可以带你去四处转转。
⑤ 我和我的爱人一起来韩国玩。
⑥ 这儿是您的登记牌，祝您旅途愉快。

3
① 还要
② 互相
③ 送
④ 心意
⑤ 出示
⑥ 共

4
① 这次多亏您的帮助，我们解决了出口问题。
② 下班以后，我还要见客户。
③ 如果你没有时间，就不用去了。
④ 到时候再说吧!
⑤ 你怎么好意思不买票呢?
⑥ 我需要补交多少钱?

5
① 这段时间多亏了您的照顾。
② 非常感谢您的帮助。
③ 我有一件小礼物送给您，是我的一点心意。
④ 请出示您的护照。
⑤ 一共几个箱子?
⑥ 好的，没问题。

MEMO

중국어뱅크

비즈니스
실무 BUSINESS
중국어 초·중급
워크북

이름

본 책 + MP3 CD1장+ 워크북 포함
값 15,000원

ISBN 979-11-5703-009-5

외국어 출판 40년의 신뢰
외국어 전문 출판 그룹
동양북스가 만드는 책은 다릅니다.

40년의 쉼 없는 노력과 도전으로 책 만들기에 최선을 다해온 동양북스는
오늘도 미래의 가치에 투자하고 있습니다.
대한민국의 내일을 생각하는 도전 정신과 믿음으로 최선을 다하겠습니다.

동양북스

📖 동양북스 추천 교재

일본어 교재의 최강자, 동양북스 추천 교재

회화 코스북

일본어뱅크 다이스키
STEP 1·2·3·4·5·6·7·8

일본어뱅크
좋아요 일본어 1·2·3·4·5·6

일본어뱅크 도모다찌
STEP 1·2·3

분야서

일본어뱅크
좋아요 일본어 독해 STEP 1·2

일본어뱅크
일본어 작문 초급

일본어뱅크
사진과 함께하는
일본 문화

일본어뱅크
항공 서비스 일본어

가장 쉬운 독학
일본어 현지회화

수험서

일취월장 JPT
독해·청해

일취월장 JPT
실전 모의고사 500·700

일단 합격하고 오겠습니다
JLPT 일본어능력시험
N1·N2·N3·N4·N5

일단 합격하고 오겠습니다
JLPT 일본어능력시험
실전모의고사 N1·N2·N3·N4/5

단어·한자

특허받은
일어 한자 암기박사

일본어 상용한자 2136
이거 하나면 끝!

일본어뱅크
좋아요 일본어 한자

가장 쉬운 독학
일본어 단어장

일단 합격하고 오겠습니다
JLPT 일본어능력시험
단어장 N1·N2·N3

중국어 교재의 최강자, 동양북스 추천 교재

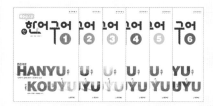

중국어뱅크 북경대학 신한어구어
1 · 2 · 3 · 4 · 5 · 6

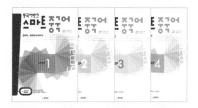

중국어뱅크 스마트중국어
STEP 1 · 2 · 3 · 4

중국어뱅크 집중중국어
STEP 1 · 2 · 3 · 4

중국어뱅크
뉴! 버전업 사진으로
보고 배우는 중국문화

중국어뱅크
문화중국어 1 · 2

중국어뱅크
관광 중국어 1 · 2

중국어뱅크
여행실무 중국어

중국어뱅크
호텔 중국어

중국어뱅크
판매 중국어

중국어뱅크
항공 실무 중국어

정반합 新HSK
1급 · 2급 · 3급 · 4급 · 5급 · 6급

일단 합격 新HSK 한 권이면 끝
3급 · 4급 · 5급 · 6급

버전업! 新HSK
VOCA 5급 · 6급

가장 쉬운 독학
중국어 단어장

중국어뱅크
중국어 간체자 1000

특허받은
중국어 한자 암기박사

동양북스 추천 교재

기타외국어 교재의 최강자, 동양북스 추천 교재

중고급 학습

첫걸음 끝내고 보는
프랑스어
중고급의 모든 것

첫걸음 끝내고 보는
스페인어
중고급의 모든 것

첫걸음 끝내고 보는
독일어
중고급의 모든 것

첫걸음 끝내고 보는
태국어
중고급의 모든 것

첫걸음 끝내고 보는
베트남어
중고급의 모든 것

단어장

버전업! 가장 쉬운
프랑스어 단어장

버전업! 가장 쉬운
스페인어 단어장

버전업! 가장 쉬운
독일어 단어장

가장 쉬운 독학
베트남어 단어장

여행회화

NEW 후다닥
여행 중국어

NEW 후다닥
여행 일본어

NEW 후다닥
여행 영어

NEW 후다닥
여행 독일어

NEW 후다닥
여행 프랑스어

NEW 후다닥
여행 스페인어

NEW 후다닥
여행 베트남어

NEW 후다닥
여행 태국어

수험서·교재

한 권으로 끝내는 DELE
어휘·쓰기·관용구편 (B2~C1)

수능 기초 베트남어
한 권이면 끝!

버전업!
스마트 프랑스어

일단 합격하고 오겠습니다
독일어능력시험
A1·A2·B1·B2